文庫ぎんが堂

ゼロからわかる

中国神話・伝説

かみゆ歴史編集部

はじめに

日本では中国には神話がないというイメージをもつ人が多い。日本神話やギリシャ神話のような系統だった物語がなく、多くの神話が散逸しているためだ。古代中国の歴史書『史記』において、神代に登場するのは黄帝《こうてい》や堯《ぎょう》、舜《しゅん》などの五帝、つまり人間の聖人君子である。天地創造のあとの世界には、超人的な力で活躍する神も恐ろしい姿の神も存在せず、まるではじめから人間の社会と地続きであったかのように描かれている。

かつては中国にも、原始的で荒唐無稽な神話や多様な姿をもつ神々が存在しており、豊かな神話があったと思われる。ところが、それら多くの神話は時代が下るとともに失われ、異形の神々は忽然と姿を消してしまったのだ。

神話消失の一因となったのは、春秋戦国時代の乱世に台頭した儒家の教えだった。儒教の祖である孔子をはじめ、現実主義を徹底した儒学者たちは、その教義に合わせて「神話」を「歴史」へと転化。異形の神々は擬人化され、複雑怪奇な神話は聖人君子による戦争や治世の歴史へと置き換えられた。その結果、口伝として民衆に伝わっていた本来の神話は、絶え間なく続く戦乱の中で、系統立てられることなく埋もれ、散逸してしまったのである。

しかし、すべての神話が完全に消えてしまったわけではない。古くより伝わる詩や、思想書、地理書など多くの書物には神々の名やエピソードが残された。また、中国の三教と呼ばれる儒教、道教、仏教のうち、民間で爆発的な人気を得た道教では、人が生きたまま超人的な力を得て天にのぼる「仙人」という存在を信奉した。西王母《せいおうぼ》など古くからの神々の一部は道教に取り入れられ、仙人として現代まで信仰の対象となっている。

こうして中国の神話は神と人間が混じり合う複雑怪奇なものとなっていった。世界の多くの神話とは逆に、神は人らしく、人が神のようになっていくのが中国神話のユニークな点であり、魅力的な特徴といえるだろう。

本書では古い神話の神々をはじめ、道教の神仙、民間伝承や物語の登場人物、神格化された歴史上の人物など、神話的要素をもつキャラクターを広く取りあげた。読者が中国神話に親しみ、愛着をもつ一助となれば幸いである。

かみゆ歴史編集部

ゼロからわかる中国神話・伝説　目次

3章 伝奇編

4章 歴史編

5章 霊獣・邪神・妖怪編

本書の見方

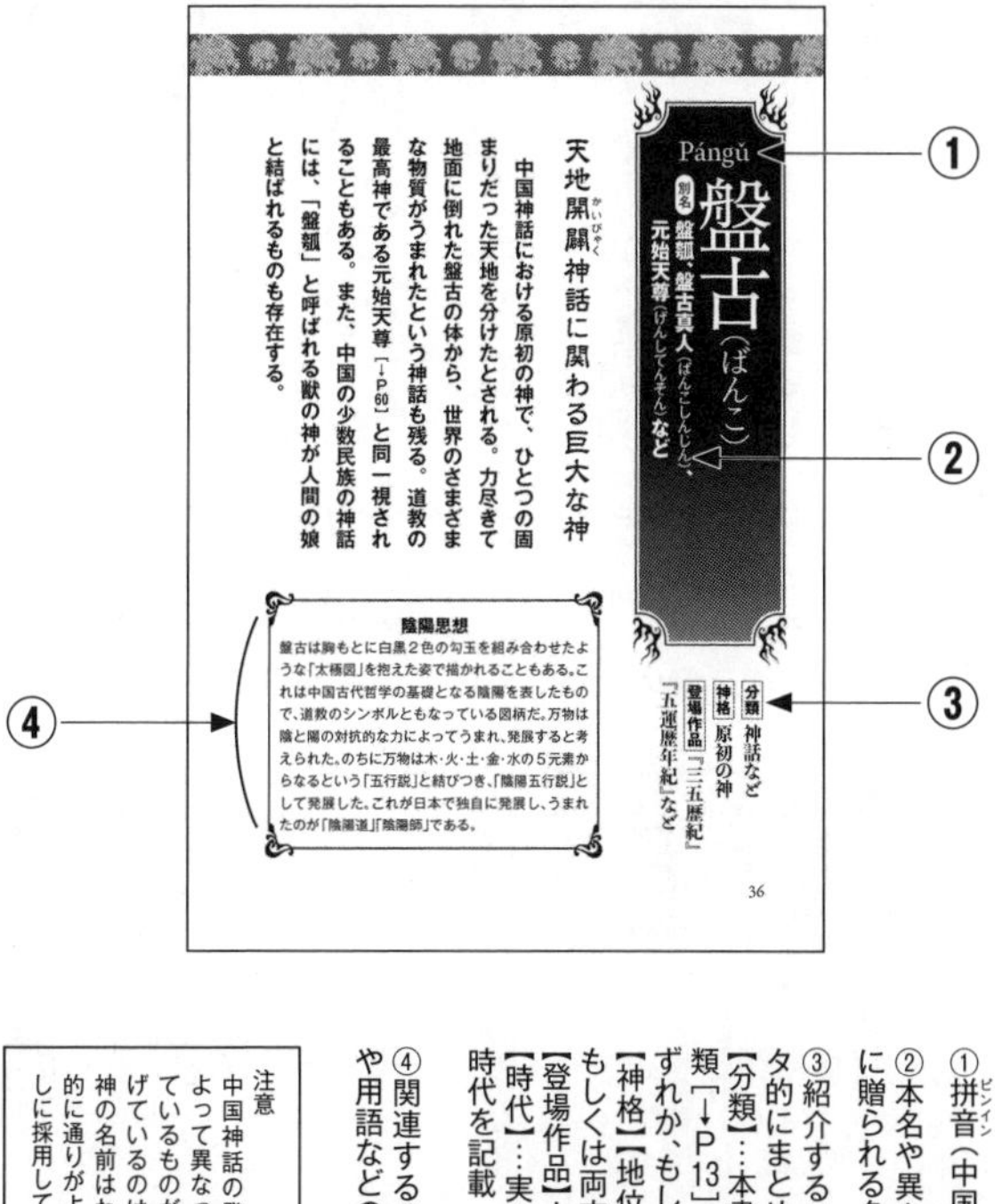

①拼音《ピンイン》（中国語の発音記号）を記載

②本名や異名、字《あざな》（通称）、諡号《しごう》（死後に贈られる名）などを記載

③紹介する神々、人物の情報をデータ的にまとめたもの。

【分類】…本書における中国神話の分類［→P13］のうち、主に該当するいずれか、もしくは複数を記載

【神格】【地位】…該当するいずれか、もしくは両方を記載

【登場作品】…登場する主な書物

【時代】…実在の人物のみ、活躍した時代を記載

④関連する武器や宝物、歴史的事象や用語などの情報を説明している

注意
中国神話の登場人物は各伝承や文献によって異なった逸話、人物設定が伝わっているものが少なくない。本書で取りあげているのはそのうちの一部である。各神の名前はわかりやすさを重視し、一般的に通りがよいと考えられる名前を見出しに採用している

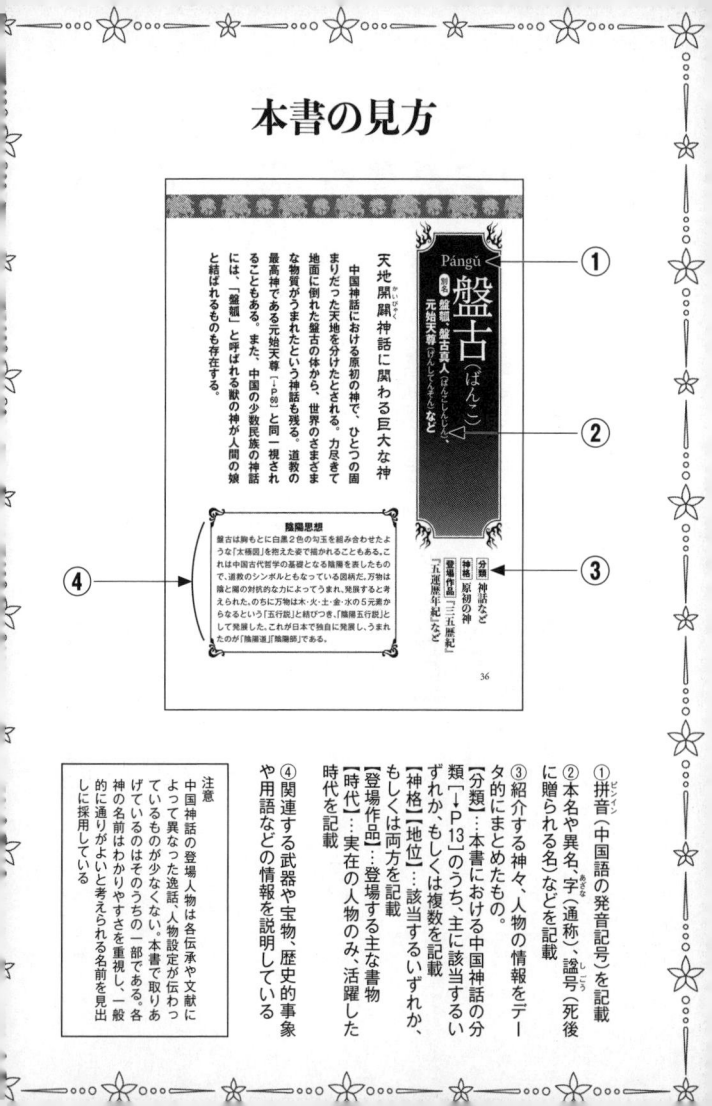

1章 中国神話とは？

中国神話の散逸と残存

古来の神話と神話的物語の分類

中国神話は時代とともに散逸し、古い書物の中にその面影を残すのみとなった。しかし、神話的な要素をもつ物語が廃れたかといえばけしてそうではなく、「新しい神話」とでも呼ぶべき数々のエピソードがうまれ、多彩な発展をみせている。狭義の意味での「神話」とは、中国の原始的な社会でうまれた万物の成り立ちや自然現象を説明するための物語を指す。天地を分けた盤古［↓P36］や人間をうみだした伏羲と女媧［↓P40］など、ひとつの神格を中枢とすることが多い。しかし、後世にうみだされた神話的要素の色濃い物語も含めて、広義の「神話」ととらえるべきという意見もあり、神話学者の袁珂《えんか》は以下のような分類を提唱している。

本書における中国神話の分類

神話	天地万物の成り立ちや自然現象を説明するために語られた物語群。 例:「盤古、天を開き地を闢く」[→P36]、「女媧、人をつくり天を補す」[→P40]など
伝説	民族の始祖や英雄など、より人間的な存在が活躍する物語群。 例:「黄帝、蚩尤を誅す」[→P48]、「羿、10個の太陽を射る」[→P60]など
歴史	「神話化された歴史」もしくは「歴史化された神話」のこと。 例:「武王、紂を討つ」[→P138]、「少昊、鳥を以て官に名づく」など
仙話	道教の仙人たちが活躍する話と合体した神話的な物語群。 例:「嫦娥、薬を窃し月へ奔る」[→P60]、「玄女、黄帝に兵法を教う」など
その他	怪異(妖怪、鬼神などが登場する物語群)/童話(童話的な意味のある伝説や物語群)/仏教説話(仏教の経典に由来する人物や物語群)/風習(祝祭日、宝物、地方の風物などにまつわる物語群) 民間伝承(民間で語り継がれてきた有名な物語群) 例:「白蛇伝」[→P126]「牛郎織女伝説」[→P128]など 創作(講談、小説などの形でうみ出された神話的な人物や物語群) 例:『西遊記』『水滸伝』『封神演義』など[→P24]

※袁珂著『中国の神話伝説』(青土社)、『中国神話伝説大事典』(大修館書店)をもとに作成

「伝説」と呼ばれるのは、神話の発展とともにより人間的な存在が活躍するようになった物語群であり、「神話」との境目は明確でない。「歴史」は史実に神話的要素がつけ加えられたり、神話が歴史上の出来事とされるようになったもの、「仙話」は道教の影響で仙人が活躍する話と融合したものだ。また、仏教の説話や各地の風習を由来とする物語なども広義の神話に含められる。

神話的エピソードを取り入れた民間伝承や小説も多く、中国神話の魅力を伝える重要な一部として、本書では3章に取りあげている。

道教の発展と仙人信仰

中国に根強く残る道教の教え

古今東西、人間の願いといえば「病気をせず長生きすること」これに尽きる。死後の世界を恐れた各宗教では、よい行いをすれば死後は極楽へ行ける、輪廻転生でうまれ変わるなどの考えで救いを求めるのだが、中国では死なず老いない肉体の超人的な存在となって天界へのぼる「仙人」がブームとなった。

ブームの火つけ役は道教だ。後漢の頃に民衆の間で爆発的に流行した宗教で、彼らは仙人となり苦しみのない仙界にのぼることを夢見た。それを叶える手段のひとつが、錬丹術《れんたんじゅつ》でつくられる不老不死の薬だ。この薬を飲めば生きたまま仙界にのぼることができると信じられた。この神仙思想のもととなるのが、春秋時代に生きたとされる伝説的な思想家、老子である。謎の多い人物だが、「道家」の始祖といわれており、道教が流行した漢の時代には、老子自身が太上老君（道徳天尊）［↓P62］という神として祀りあげられることとなる。

道教はもともと後漢の頃に広まった新興宗教のひとつだったが、今では中国の神話といえば道教のイメージが強い。この宗教は、古代に祀られていた神や異民族が信奉していた神を吸収し、数多くの神々を道教の神に変えてしまった。たとえば、小説『西遊記《さいゆうき》』にも登場する西王母［↓P56］。彼女は古い時代の地理書『山海経《せんがいきょう》』では獣の体をもつ化物のような姿で描かれているにもかかわらず、道教の流行後は仙界を守る仙女の長へと転身した。また、儒者たちが五帝のひとり、黄帝［↓P48］でさえ、龍［↓P196］に乗って天に向かう仙人として描かれるようになる。このような仙人の姿は後年、多くの小説や講談に取り入れられ、それらの物語は日本にも伝来し人々を魅了した。

道教の神々はほかの国で語られる神よりも身近な存在といえる。なぜなら道教では、人間が修行によって自ら天にのぼり仙人となれるからだ。現代でも、道教は儒教、仏教と並ぶ中国三大宗教のひとつであり、さらに世界で数千万人の信者を誇るなど2000年近い時を超えていまだに人々に愛されている。

中華思想と皇帝

皇帝を頂点とする中華思想の誕生

歴史上はじめて中国大陸を統一したのは秦の始皇帝［↓P132］。彼は国中をすべて平定しただけでなく、社会システム自体を統一するという前代未聞の大事業をやってのけた。利権をめぐり国同士の争いが続いていた中国がひとつの国にまとめられたことで、「中国はひとつ」という思想が芽生えることとなる。

皇帝はまた「天子」とも呼ばれた。これは天の神から統治者として認められ任命されたという意味で、この天子が治める国こそ世界の中心であるとする「中華思想」が、長きにわたり中国の文化の基礎となった。

上下関係による秩序を重んじる儒教は、皇帝を世界の頂点としたヒエラルキーを重視する中華思想と相性がよかった。儒学者による古い神々の排除も、

天子を中心とする中華思想

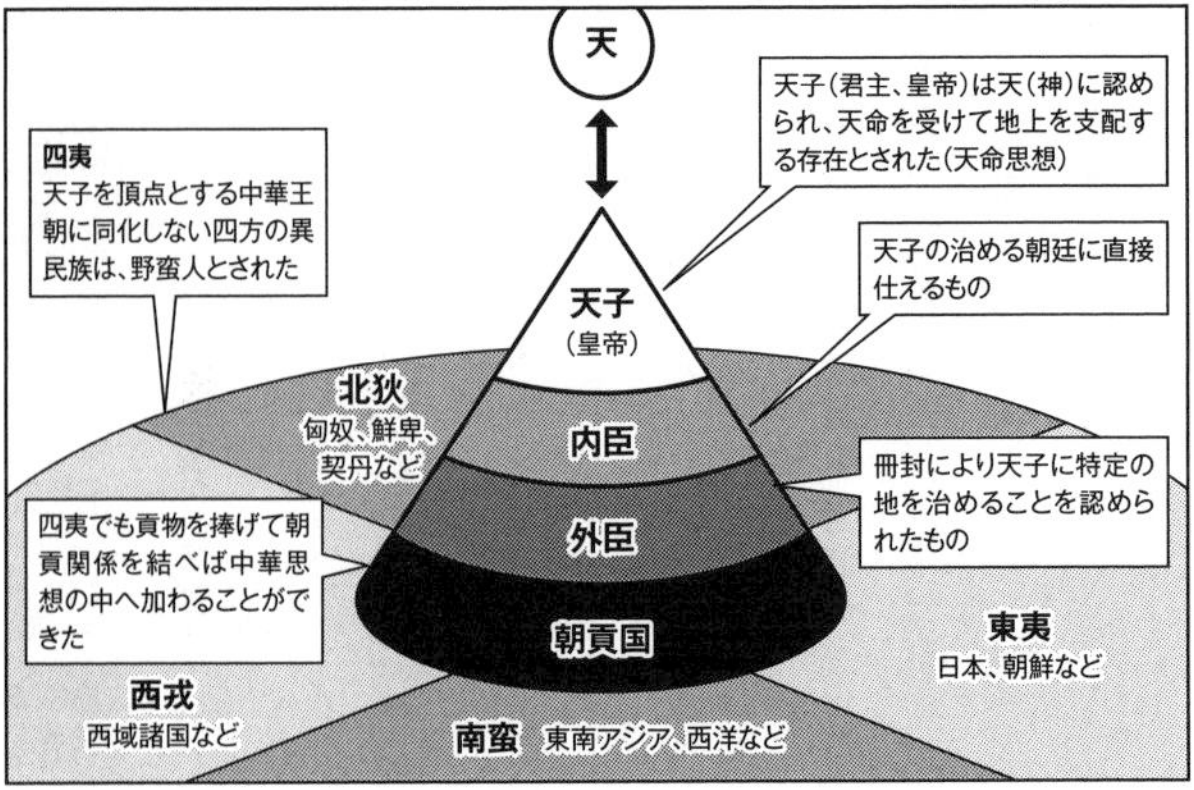
天
天子（君主、皇帝）は天（神）に認められ、天命を受けて地上を支配する存在とされた（天命思想）
四夷
天子を頂点とする中華王朝に同化しない四方の異民族は、野蛮人とされた
天子の治める朝廷に直接仕えるもの
天子
（皇帝）
北狄
匈奴、鮮卑、契丹など
内臣
冊封により天子に特定の地を治めることを認められたもの
四夷でも貢物を捧げて朝貢関係を結べば中華思想の中へ加わることができた
外臣
朝貢国
東夷
日本、朝鮮など
西戎
西域諸国など
南蛮
東南アジア、西洋など

自らの地位を正当なものとしたい支配者階級にとって都合がよかったという一面がある。こうして統一王朝と関連をもたない古代の神話や神々は公的に重視されず失われていった。

一方で、民間では道教の思想が広まり、仙人となった神々は身近な存在として信仰され続けた。かの始皇帝も天下統一をやり遂げたあと、唯一無二の立場を失うことを恐れ、不老不死を求めて仙人を目指すようになる。時代が変わっても中華思想は続き、同時に多くの皇帝が不老不死に憧れた。神秘的な仙人、仙界の世界は皇帝をも虜にしたのだ。

天地開闢と人類誕生神話

天地は暗闇から、人は泥からうまれる

「この世界がどうしてうまれたのか」「人間はどうやってうまれたのか」は古代から続く永遠の謎だ。多くの神話が天地開闢《かいびゃく》や人類創世をそれぞれの解釈で説明しようとするのと同じように、中国神話にもいくつかの天地開闢の神話、人類創世の神話が存在する。

中でも有名なのは原始の神とされる盤古［→P36］の伝説だろう。まだ天も地も分かれていない時代、宇宙は真っ暗で混沌としていた。すべてが混ざり合う卵の中のような宇宙に、ある時誕生したのが盤古と呼ばれる神だ。盤古は世界が暗く不愉快であることを不服に思い、右手に斧、左手に鑿《のみ》を持ち（武器を持たない説もある）壁を破ってしまう。すると透きとおった美しいものが天にの

ぼり、濁って汚いものが地上に広がり、天と地が分かれることとなった。再び天と地がくっつくことを恐れた盤古は立ち上がって天を手と足で支えた。その状態で成長し続けた盤古の背丈は、やがて9万里という途方もない高さとなる。その後、寿命が尽き倒れた彼の口から吐き出された息が風となり、血管が道となり、汗が雨となるなど、彼の体から世界がつくられることとなった。このほか、前漢の思想書『淮南子《えなんじ》』には、ただ真っ暗だった世界に陰神と陽神がうまれ、陽神が天を、陰神が地を支配したという神話も残されている。

では人間はどこからうまれてきたのか。これも諸説あるが、よく語られるのは伏羲と女媧［→P40］という兄妹とも夫婦ともされる男女神の神話だ。彼らは蛇のような体に人間の顔をもち、互いの体を絡ませた姿で描かれることが多い。このふたりを人間の祖とする説もあるが、女媧がたったひとりで人間をつくったという神話も知られている。この神話では、世界にただ女媧のみが存在し、孤独に思った彼女が泥から人間をうみだした。しかし人が死ぬたびにつくり直すのを手間に感じた彼女は、人間に生殖機能をつけて婚姻制度を整えさせたといい、そのため女媧は今でも婚姻の女神として崇められている。

神話の断片が残る書物

神話の物語は様々な書物に痕跡を残した

まとまった文献が少ないとはいえ、中国の人々が神話を嫌っていたわけではない。それは、神話の断片が多くの書物や詩の中に残されていることからも明らかだ。神話的要素を秘めた書物といえば、まず『詩経《しきょう》』や『楚辞《そじ》』など古代中国の詩があげられる。詩の中には天地開闢の物語のほか、古代の神々の名前が多く登場する。さらに天地開闢の神話も掲載されている思想書『列子《れっし》』、古代の世界を描いたといわれている地理書『山海経』。この書には黄帝［→P48］をはじめ、古い時代の異形の神々が多くまとめられている。これ以外にも説話とともに神、仙人を紹介した小説集『捜神記《そうじんき》』、神話物語をいくつも取りあげている思想書『淮南子』など、神話は儒家に否定されつつも、多くの書物の中

中国神話に関する主な書物

種類	題名	成立時期	概要
詩	『詩経』	周～春秋	中国最古の詩篇。儒家の経典「五経」のひとつ
	『楚辞』	戦国	戦国時代の楚で発生した形式の詩を集めて編纂したもの
地理書	『山海経』	戦国～漢	中国最古の地理書。神々、妖怪についての記述を多く含む
思想書	『淮南子』	漢	淮南で編纂された思想書。 道家を中心とした諸家の思想を含んでいる
	『荘子』	宋～晋	荘子の教えを中心とした思想書。道家の経典のひとつ
歴史書	『史記』	漢	神代から前漢の全盛期までの歴史が記された歴史書
説話集	『列仙伝』	漢	仙人の逸話を列記した道教の説話集。 晋代に書かれた類書『神仙伝』も有名
小説	『捜神記』	晋	東晋の時代に記された志怪小説（奇怪な話）集
	「四大奇書」	元～明	長編小説『三国史演義』『水滸伝』『西遊記』『金瓶梅』の総称
	『聊斎志異』	清	神仙や幽霊、妖怪などの奇怪な物語を集めた短編小説集

に細々と生き残っていた。

そのほか、漢代に成立した歴史書『史記《しき》』の中にも、最古の王朝とされていれる夏王朝以前の出来事として、古い時代から語り継がれていた神々に触れる項目が含まれ神代について記されている。

また、唐代以降、中国では詩や講釈師によって語られる物語が発展し、やがて小説が登場。さまざまな書物に残された神話のエピソードは、新しいメディアに積極的に取り入れられ、よりエンターテインメント性の高い物語として民衆に親しまれ、広まることとなった。

歴史書『史記』と「三皇五帝」

司馬遷による最古の歴史書

紀元前にまとめられた、中国最古の歴史書がある。前漢の歴史家、司馬遷《しばせん》が編纂した『史記』と呼ばれる書で、伝説の夏王朝より昔、五帝の神話から漢の時代までの歴史をまとめあげた大著だ。

130巻からなるこの歴史書は、もともとは司馬遷の父が計画していたものだったが、着手できないままに死去。遺志を継いだ司馬遷は歴史書の完成を誓った。彼はとある事件に巻き込まれて宮刑（去勢）を受ける辱めに遭いながらも「『史記』を仕上げるまでは死ねない」と執筆を続け、ついに書きあげたのだ。『史記』がほかの歴史書と大きく異なる点は、皇帝や国のためにつくられた書物ではなく、正しい歴史を描こうとしてまとめられた書であることだ。司馬遷は自分の足で全国各地をまわって聞き取りを行い、市井の声に耳を傾けて記事をまとめあげた。そのため、ほかの歴史書ではあまり見られない犯罪者の話や、神でもある「五帝」の項目なども内容に含まれている。

「五帝」は、司馬遷が各地をまわる間に村の長老などから聴取して書きとめた神代の統治者たちだ。司馬遷は、「存在は怪しまれるが」と但し書きを入れつつ、黄帝［→P48］、顓頊《せんぎょく》、嚳《こく》、堯《ぎょう》、舜《しゅん》の五帝が徳をもって国を治め、時に戦い、夏王朝まで世代を繋げていくという物語を掲載している。誰を五帝とするかは書物によって異なるが、漢の時代までは古い神話を知る人物が生き残っており、その生の声を集めた史記は貴重な神話の資料であるともいえる。

後世、唐代に『史記』を補筆した司馬貞《てい》の手により、「三皇」の物語が追記され、項目は「三皇五帝」となった。三皇とは五帝以前に世界を治めた神々で、顔ぶれについては諸説あるが、司馬貞によると伏羲、女媧［→P40］、神農［→P44］の3神。司馬遷の時代には登場しなかった理由としては、まだ女媧などの神話がはっきりと広まっていなかったため、ともいわれている。三皇のエピソードの追加により、『史記』は誕生時よりもさらに神話性が増すことになった。

「中国四大奇書」と『封神演義』

今なお読み継がれる中国古典小説の名作

明代に成立した長編古典小説の中でも、「四大奇書《しだいきしょ》」と呼ばれ、特に名作とされている作品がある。講談の人気演目からうまれた『三国史演義《さんごくしえんぎ》』『水滸伝《すいこでん》』『西遊記』、そして『金瓶梅《きんぺいばい》』の4作品で、中国では『金瓶梅』の代わりに清代の小説『紅楼夢《こうろうむ》』が入った「四大名著」としてもよく知られている。

なかでも神話との繋りが深いのは『西遊記』。仏教をテーマにしているものの、メインキャラクターの孫悟空［↓P78］を含む登場人物の大半が神や仙人、妖怪であり、西王母［↓P56］といった道教ゆかりの仙人も物語に姿をみせるなど、何でもありの神話的要素が楽しいファンタジー小説となっている。

『三国史演義』『水滸伝』は実際の歴史を下敷きに創作をふくらませた歴史小

説だが、史実には登場しない仙人や仙術などのエピソードがうまく織り込まれており、大きな魅力となっている。三国時代の覇権争いを描いた『三国史演義』では、主人公となる蜀《しょく》の劉備《りゅうび》を補佐する軍師、諸葛亮（孔明《こうめい》）［↓P156］が超人的な力を駆使するさまが描かれる。また、魔星が人間の英雄たちに転生して悪道を敷く政府相手に暴れまわる『水滸伝』にも派手な仙術が登場する。『金瓶梅』は『水滸伝』に登場する悪女、潘金蓮［↓P100］を主人公としたスピンオフ作品で神話要素は薄く、当時の風俗などに詳しく緻密な作風が特徴だ。「四大奇書」には含まれていないものの、同じく明代に成立し、高い民衆人気で後世に影響を与えたのが小説『封神演義《ほうしんえんぎ》』だ。史実の殷周《いんしゅう》革命が舞台だが、多くの仙人や妖怪が登場し、仙界と人間界を巻き込んだ大きな戦いが描かれている。また清代になると、仙人や仙女などが登場する短編小説集『聊斎志異《りょうさいしい》』がまとめられ、人間と神仙の触れ合いが描かれたこの本は日本でも流行した。

神話を取り入れた物語は中国の人々を熱狂させた。中には禁書となった本もあったが、いまだに愛され読み続けられている。中国神話はこうした物語の中でも脈々と生き続けているのだ。

『三国志演義』のあらすじ

男たちの威信をかけた戦いを描く、歴史小説の金字塔

▶P150

1 劉備の出世

農民だが漢王室の血を引く主人公の劉備は、乱世を正すため義兄弟の関羽［→P150］、張飛［→P154］とともに旅立つ。群雄との戦に巻き込まれながらも、天下統一を目指し旅を続ける

▶P156

2 赤壁の戦い

天才軍師の諸葛亮［→P156］を得た劉備は、孫権と同盟し、専横を行う曹操を、赤壁の戦いで撃破。その後劉備は、拠点となる蜀を得て、天下は劉備の蜀・孫権の呉・曹操の魏に三分される。

▶P150

3 関羽の死

増長する蜀に怒った呉は密かに魏と同盟し、関羽を謀殺。これを知った劉備は報復のため呉に攻め込むが返り討ちにあう。失意のまま劉備は病死する

▶P156

4 五丈原の戦い

後事を託された諸葛亮は、劉備の悲願である漢王朝の復興を目指し戦を繰り返すが最期まで果たせず、五丈原の戦いにおいて陣中で病没。蜀は劉備の後継者である劉禅の降伏によって滅亡した

『水滸伝』のあらすじ

義侠心あふれる無法者たちの活躍と悲劇的な末路

1 108星の散逸

北宋の大将軍洪信は好奇心から龍虎山の伏魔之殿という祠を開き、108の魔星の封印を解いてしまう。天空の彼方へと飛び散った星たちは、やがて108人の英雄へと転生する

▶P90

2 英雄たちの活躍

「九紋龍」史進、「花和尚」魯智深［→P94］、「豹子頭」林冲［→P90］など、名だたる豪傑たちが登場。各々の事情で無法者が集う梁山泊の地へ集まってくる

▶P90

3 梁山泊への集結

108人の好漢がそろい、元役人の宋江を首領に結束した梁山泊は最盛期を迎えた。彼らは突如現れた神秘的な石碑により、自分たちが百八星の生まれ変わりであることを知る

▶P88

4 征伐戦と滅亡

梁山泊の面々は朝廷に帰順し、各地の反乱分子鎮圧に駆り出される。しかしこれは彼らの力を恐れた奸臣たちの陰謀だった。相次ぐ戦いの中で英雄たちは倒れやがて梁山泊は滅びる

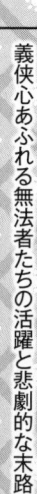

『西遊記』のあらすじ

仏教、道教、妖怪、何でもありの痛快ファンタジー

▶P78

1乱暴者の孫悟空

花果山でうまれ猿たちの王となった石猿の孫悟空[→P78]は、不老長生を求めて修行し神通力を得る。しかし調子に乗って暴れまわり、釈迦如来に五行山の下に封じられた

▶P82

2天竺への旅の開始

釈迦は唐の地に悪がはびこっていることを嘆く。観音菩薩に見いだされた唐の高僧である三蔵法師[→P82]は、釈迦のいる西方の天竺を目指し、仏教の経典を受け取るための旅に出る

▶P84

3旅路での戦い

観音菩薩のはからいで孫悟空、猪八戒[→P84]、沙悟浄[→P86]の3人が前世の罪をつぐなうため三蔵の旅に同行。立ちふさがる金角、銀角大王や牛魔王などの妖怪を倒し、数多の困難を乗り越えて冒険の旅を続ける

▶P81

4帰還と免罪

ついに天竺へとたどりついた一行は経典を授けられ、唐へと持ち帰る。すべての試練を乗り越え釈迦如来に認められた彼らは、前世の罪を許され、天界にのぼって高い位を与えられた

『封神演義』のあらすじ

殷周革命を舞台に仙人たちが繰り広げる一大バトル

▶P112

1紂王の慢心

殷の紂王[→P112]は、不遜な行動から蛇身の女神である女媧[→P40]の怒りを買う。女媧が差し向けた九尾狐[→P206]の化身、妲己は王を魅了して堕落させ、殷の政治は乱れた

▶P108

2封神計画の開始

「天界」「仙界」「人間界」に分かれている世界。仙人の住む崑崙山では、来たる王朝交代の機会に人間と仙人の人員整理をするべく、この戦いで死んだ者の魂を天界の神として封ずる計画が進行していた

▶P108

3太公望の活躍

新米道士の姜子牙(太公望)[→P108]は、師の元始天尊[→P62]に命じられ、封神計画実行のため人間界を訪れる。殷を倒そうとする周の王を軍師として助けつつ、封神を進めていく

▶P108

4周の勝利と封神

殷、周の戦いに仙人たちが介入し、仙界をも二分する大きな戦いに。太公望は哪吒、楊戩らとともに仙術や宝貝(パオペエ)を駆使して活躍。殷に味方する道士や妲己を倒し、封神計画を完了させる

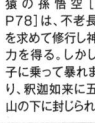

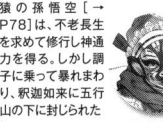

神格化された歴史上の人物

非業の死を遂げた英雄たちは神となる

チャイナタウンなどでみられる、黄色や赤で彩られた派手な廟。その中で神として祀られている髭の大男は、歴史書『三国志』の登場する武将の関羽〔↓P150〕が神となった「関帝」である。

関羽はもともと人間の英雄であり、歴史上では武将のひとりで、君主でもない。そんな彼がなぜ神格化されたかというと、その非業の死がきっかけだといえる。関羽は『三国志』をベースにつくられた物語『三国志演義』によって人気が高まった人物。関羽は庶民うまれの劉備を義兄と慕い最期まで忠実に仕えた高潔な性格であること、彼が死んだあと敵を呪い殺したという神秘的なストーリーから、関羽は民衆によって神格化された。このように、死後に実在の人物が神として祀られることは日本でもよくみられる現象だ。菅原道真が学問の神、天神となったように、恨みを残して死んだ人間の祟りを恐れて神として祀るのだ。中国でもまた、関羽は同じような神格化の道をたどった。今では中国だけでなく、世界のチャイナタウンにさえ関帝廟がつくられるほどの信仰を集めている。同じく三国志の呉の将軍で、『演義』では戦死したとする甘寧《かんねい》も、宋の時代に廟がつくられ神格化されている。こちらは呉の主を差し置いて呉王と呼ばれ、廟も立派なものがつくられたという。

また、宋の時代に実在した女性、媽祖［→P72］も神格化された人物のひとりだ。強い仙力をもち、生きていた時代から人々の病を治すなどの霊力をみせていた人物といわれている。海に消えた父を捜すために姿を消した彼女は、そのまま仙女となったという伝説が語られ、その噂によってとうとう女神として祀られるまでに至っている。海の交通にご利益があるといわれ、港町には多くの媽祖廟がつくられた。今でも船乗りなどに人気が高いという。これらの人物に加え、道教の祖である老子も、道教の神として祀られている。

しかし関帝廟や媽祖廟は中国でおきた文化大革命の際に「怪しげな神々をま

つることは許されない」とされ、政府の指示で徹底して廟が潰されて信者が逮捕されるなどの憂き目にあった。それでも民衆の信仰心は止めることができず、今でも世界各国で多くの人が廟へと足を運んでいる。

神と人の境界線が曖昧な中国神話

神として祀られることはないものの、周の時代をつくりあげた太公望［↓P108］や三国時代の軍師、諸葛亮［↓P156］もまた、長く語り継がれるうちに神秘的なエピソードが追加されるようになった。小説『封神演義』や『三国志演義』では、彼らは仙術のような技を使い、人間離れした働きをみせる。このように物語の中で超人的な力を与えられた歴史上の人物は数多い。それは唐代以降に、演劇、講釈、小説などの物語文化が根づき、より派手な物語として語られるようになったためだ。彼らは刺激的な話を求める民衆を呼び込むため、史実を脚色し、英雄たちを大いなる存在として扱ったのだ。

かつて孔子［↓P140］が唱えた「怪力乱神を語らず」は遠い世界のものとなり、英雄たちはどんどんと神格化されるようになっていった。

中国の歴代王朝

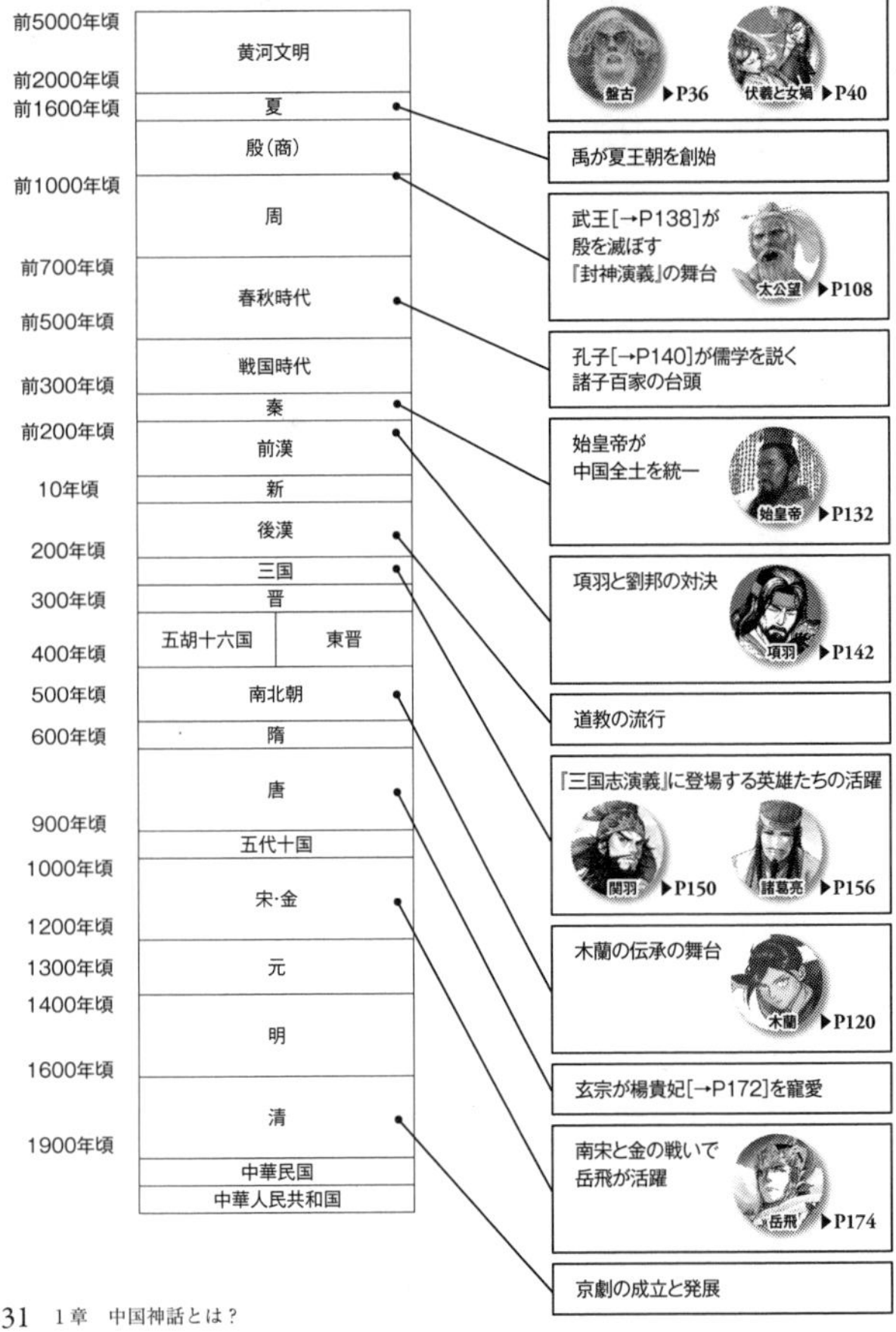
前5000年頃
前2000年頃
前1600年頃
前1000年頃
前700年頃
前500年頃
前300年頃
前200年頃
10年頃
200年頃
300年頃
400年頃
500年頃
600年頃
900年頃
1000年頃
1200年頃
1300年頃
1400年頃
1600年頃
1900年頃
黄河文明
夏
殷（商）
周
春秋時代
戦国時代
秦
前漢
新
後漢
三国
晋
五胡十六国
東晋
南北朝
隋
唐
五代十国
宋・金
元
明
清
中華民国
中華人民共和国
天地開闢と人間の誕生
盤古 ▶P36
伏羲と女媧 ▶P40
禹が夏王朝を創始
武王[→P138]が殷を滅ぼす『封神演義』の舞台
太公望 ▶P108
孔子[→P140]が儒学を説く
諸子百家の台頭
始皇帝が中国全土を統一
始皇帝 ▶P132
項羽と劉邦の対決
項羽 ▶P142
道教の流行
『三国志演義』に登場する英雄たちの活躍
関羽 ▶P150
諸葛亮 ▶P156
木蘭の伝承の舞台
木蘭 ▶P120
玄宗が楊貴妃[→P172]を寵愛
南宋と金の戦いで岳飛が活躍
岳飛 ▶P174
京劇の成立と発展

京劇の発展

京劇の花形となった神話伝説のキャラクター

派手なメイクに派手な衣装、民族楽器の演奏とともに演じられる「京劇」。中国の古典演劇として有名な芸能だが、誕生したのはそれほど古い時代ではなく、1800年代のこと。古典や神話をもとにつくられたわかりやすいストーリー、舞うように舞台上を動きまわる独特な演じ方で当時の民衆を虜にした。北京で流行したことで京の文字がつけられたという。当初は民衆の間で人気を博したが、次第に支配階級にまで人気が広がっていく。時の権力者であった西太后が京劇を好み支援したことから、京劇文化はさらに花開くこととなった。

京劇の人気演目には、『三国志演義』などの歴史小説や、神話の世界が取り入れられた『西遊記』『水滸伝』などの小説を題材としたものが多い。『西遊

京劇の代表的な演目

出典	演目	主要人物
『三国志演義』	『空城計』	諸葛亮[→P156]など
	『戦長沙』	関羽[→P150]、黄忠など
『西遊記』	『鬧天宮』	孫悟空[→P78]、那吒[→P114]、玉皇大帝など
	『盤糸洞』	孫悟空、三蔵法師[→P82]、猪八戒[→P84]、沙悟浄[→P86]など
『水滸伝』	『野猪林』	林冲[→P90]、魯智深[→P94]など
	『武松打虎』	武松など
歴史・民話	『白蛇伝』	白素貞(白娘子)[→P126]、許仙など
	『挑滑車』	高寵、岳飛[→P174]など
	『覇王別姫』	項羽、虞美人[→P142]など
	『長生殿』	玄宗皇帝、楊貴妃[→P172]など
	『木蘭従軍』	木蘭[→P120]など

記』モチーフの演目では、孫悟空[↓P78]が天界で桃や金丹《きんたん》を盗み出すシーンに派手なアクションが取り入れられていたりと、仙術や神話のエピソードを楽しめる。さらには民間伝承として広く語り継がれている民話、神話などを取り入れたものもある。中でも京劇といえばこの演目といわれているのが『白蛇伝《はくじゃでん》』。美女に化けた白蛇の精が法師と妖術合戦を行うシーンが見ごたえのある演目だ。これ以外にも妖怪や神が登場する演目など、神話の登場人物たちが生き生きと活躍するさまを観ることができる。

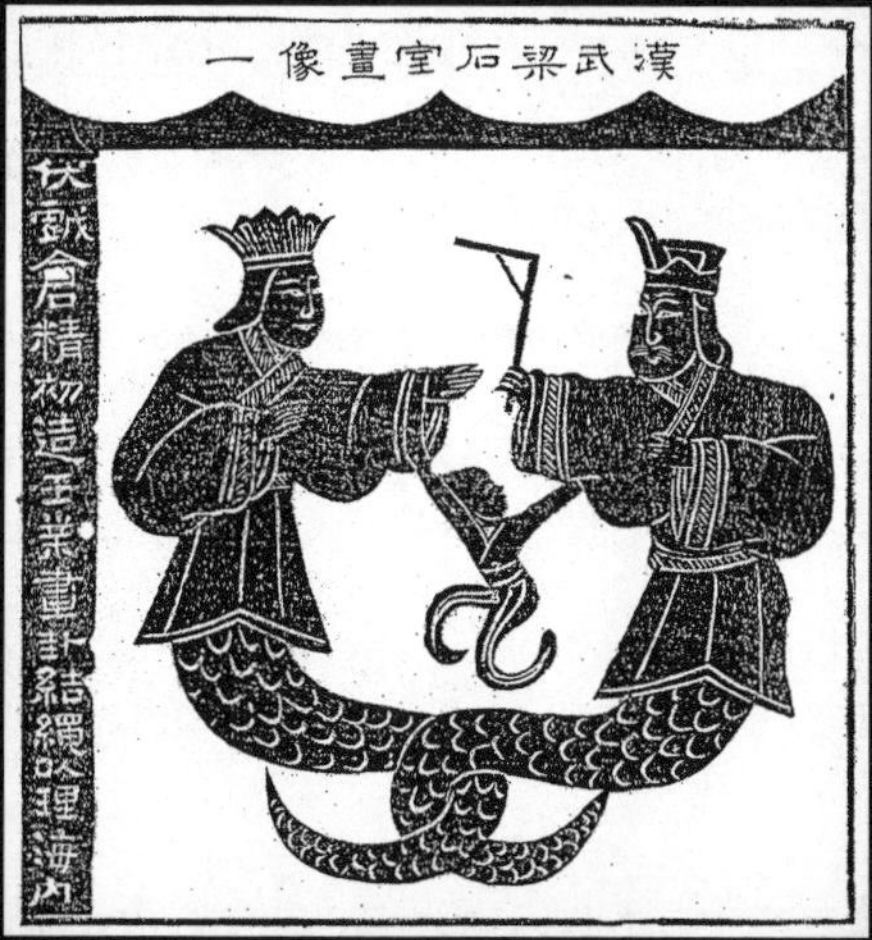

後漢頃、石造の墓の壁面に刻まれた伏羲と女媧の姿
（清時代の研究書『金石索』の「石索」より）

2章 創世神話と道教の神々

Pángǔ

盤古（ばんこ）

別名 盤瓠、盤古真人（ばんこしんじん）、元始天尊（げんしてんそん）など

分類 神話など
神格 原初の神
登場作品 『三五歴紀』『五運歴年紀』など

天地開闢神話に関わる巨大な神

中国神話における原初の神で、ひとつの固まりだった天地を分けたとされる。力尽きて地面に倒れた盤古の体から、世界のさまざまな物質がうまれたという神話も残る。道教の最高神である元始天尊［→P62］と同一視されることもある。また、中国の少数民族の神話には、「盤瓠」と呼ばれる獣の神が人間の娘と結ばれるものも存在する。

陰陽思想

盤古は胸もとに白黒２色の勾玉を組み合わせたような「太極図」を抱えた姿で描かれることもある。これは中国古代哲学の基礎となる陰陽を表したもので、道教のシンボルともなっている図柄だ。万物は陰と陽の対抗的な力によってうまれ、発展すると考えられた。のちに万物は木・火・土・金・水の５元素からなるという「五行説」と結びつき、「陰陽五行説」として発展した。これが日本で独自に発展し、うまれたのが「陰陽道」「陰陽師」である。

混沌たる闇の中からうまれた巨人

天がどのようにうまれたのかというのは古くからの謎だったようだ。ギリシャ神話では「混沌《カオス》」から大地や夜、闇、愛などの神が誕生したともされ、日本神話では闇から多くの神がうまれたとする。もちろん中国にも天地開闢神話が存在する。三国時代、呉の徐整《じょせい》がまとめた『三五歴紀《さんごれっき》』に登場する、盤古という原初の神のエピソードだ。

盤古の行った天地開闢神話は、まず宇宙からはじまる。世界は天も地も入り混じり、混沌とした闇の中に存在していた。まるで鳥の卵のような暗闇に閉じ込められたまま、およそ1万8千年間眠り続けていた盤古は、天地が分かれはじめてようやく目覚めた。再び天と地が合わさることを恐れた彼は、足で地を踏みしめ天を手で押さえ続けた。その姿勢のままで身長は伸び続け、やがて9万里にも達したという。

なお、世界が暗いことに腹を立てた盤古が、左手に鑿、右手に斧を持ち自ら殻を破った。これにより天と地が分かれ、濁って重いものは大地となり清いものは空にのぼって天となったとする説も残っている。

盤古の血肉はさまざまなものをうみ大地となる

こうして大地と天を支え続けた盤古だが、インドや北欧の天地創造神話と同じく、その肉体は大地となっていく。力尽きて倒れた彼の息は風や雲となった。漏れた声は雷の音となり、左の目は太陽、右の目は月に変化した。また身体は中国大陸の山となり、流れた血液は河川に、筋と血管は道となった。皮膚も歯も、汗でさえ彼の体の何もかもが大地に芽吹いて万物をうんだというのだ。このとき、彼の体に湧いた虫が風に吹かれて人間となったという説もある。

また、同じ読み方の「盤瓠」（「槃瓠《はんこ》」とも）という神が、中国の少数民族の間で信じられていた。この盤瓠とは繭より誕生した、五色の美しい毛並みをもつ犬。高辛《こうしん》氏という王が「難題をこなす者があれば王女を与える」と約束をした際、盤瓠がそれをこなして王女を得て、ふたりの間にうまれた子が、ある一族の祖先となったという。この盤瓠から着想を得た徐整が、盤古の神話として天地開闢神話をまとめ変化していったともいわれる。

伏羲（ふっき）女媧（じょか）

Nüwa ／ Fúxī

別名 太昊（たいこう）伏羲、伏犠、庖犠など

別名 媧皇（かこう）

分類 神話など

神格 三皇

登場作品 『楚辞』『山海経』『史記』など

蛇の下半身で描かれる不思議な対の神

歴史書『史記』で「三皇」として記載されている神、そのうちのふたりが伏羲と女媧だ。夫婦神、兄妹神として知られ、それぞれ人類誕生譚に深く関わる神でもあるが、単独で活躍する神話も伝わっている。ふたりとも蛇の体に人間の頭をもつ異形とされており、壁画などではふたりが蛇の尾を絡ませる交合の図で描かれることも多い。

八卦《はっけ》

古代中国より伝わる易（易占）で使われる8つの記号のこと。古代中国でうまれ、天地、世界を表すとされた。この八卦を、八方から吹く風を聞いてうみだしたのが伏羲だという。そのため儒教の経典ともなった占術と思想の書『易経《えききょう》』の著者は伏羲とされる。

句芒《こうぼう》 [→P52]

東海を司る風の神。人の顔で鳥の身体をもち、両龍に乗る。白い服を着ていることも。伏羲を補佐する。

人も生活道具も…さまざまにうみだした

この2神の神話には非常にさまざまな説が絡み合い複雑だ。『史記』によると、伏羲の母は雷神の巨大な足跡を踏んで伏羲を孕んだという。伏羲は八卦や網のつくり方などを人間に教え、火をもたらし、婚姻制度を定めたと伝わる。

女媧は『史記』では伏羲のあとにうまれ、その跡を継いだ神とされている。しかし『史記』だけでなく古い書物にもその名前が登場することから、女媧は伏羲より古い神と考えられている。地理書『山海経《せんがいきょう》』に登場する女媧は多くの神をうみ、後漢時代の書物『風俗通義』では泥をこねて人間をうんだとされているなど、人や神の創生に深く関わる女神でもある。さらに別の神話では、女媧は人間をつくっただけでなく、天が壊された際に五色の石で空を修復し、鼇《おおがめ》（スッポンとも）の足を切り取って四方を立て直すなど、天の修復も行っている。また、笙簧《しょうこう》という楽器（笙《しょう》のこととされる）もつくったという。彼女は死後に天へのぼるも、自分の功績を驕らず謙虚だった。人類をつくり天地を守り驕りもしない、まさに守護神ともいえる女神だ。

もともと伏羲と女媧はミャオ族などの中国の少数民族が信奉していた神だったという。ふたりは兄妹（姉弟とも）として大洪水を生き残り、結婚して子孫を残したという洪水伝説が残されている。

歴史家の司馬遷が『史記』をまとめた時には、信憑性がないため外されていた。しかし、先に司馬遷が記載していた「五帝」との整合性を取るため、唐代の司馬貞の筆により「三皇本紀」が追記されたのである。

夫婦神か、それとも単独神か

夫婦神、兄妹神の側面が強いふたりだが、前述のとおり『史記』では単独の神として描かれ、古い書物でも別々の神話が描かれている。さらに前漢時代につくられた陵墓の発掘品には、蛇の体をもつ女媧だけが描かれているなど、かつてこの2神は単独神として扱われていたと考えられる。しかし前漢時代以降、ふたりが蛇の体を絡ませる図が増えていく。陰陽説の高まりとともに、陰の女性と陽の男性が一対という考えになったためかもしれない。人類を創生しさまざまなものをうんだふたりは、婚姻の神として今でも信奉を受けている。

神農（しんのう）

Shénnóng

別名　炎帝（えんてい）、炎帝神農、薬王大帝（やくおうだいてい）など

分類　神話、伝説など
神格　三皇、医薬の祖
登場作品　『山海経』『史記』『神農本草経』など

伏羲のあとを継いだ医薬の神

伏羲、女媧［→P40］に続いて帝王となったのが神農だ。人類に農業や物々交換の方法を教えたのはこの神といわれている。また、数多の草を自らの舌で試し、さまざまな薬を考案したことから、医薬の祖となった。一説によると牛頭人身という異形であったが、これは農業で牛が重要視されていたためと思われる。炎帝と同一視されることもある。

琴

神農は5絃の琴をつくったという伝説も残る。同じく三皇のひとり女媧も、笙簧という楽器（笙のこと）をつくったという伝説が残るなど、古代中国では楽器は神からの贈り物と思われていたようだ。

祝融［→P52］

炎帝（神農）の子孫で太陽神。その姿は人頭獣身で2頭の龍に乗り、炎帝に従うという。五帝のひとり黄帝［→P48］の子孫とも。

人類への慈愛に溢れた三皇のひとり

歴史書『史記』の「三皇」で伏義、女媧に続いて登場するのがこの神農だ。人々に生きるすべを教えた神といわれている。また、神農が五行思想のうち火徳であったことから、炎帝と同一視されることもある。また、五佐のひとりで南を司る太陽神、祝融という子孫を従えるという。

神農は牛の頭をもつ異形ながら、人間に穀物の植え方を教えた神だ。炎帝（神農）が五穀を植えはじめると天から五穀が降り落ちてきて、人間の腹を満たした。その穀物を食べたものは、老いても死ななかったという伝説がある。ここから彼は「神農」と呼ばれるようになった。

生食のため体を壊す人間に、神農が火を使って食事をつくる方法を教えたという神話も残されているが、伏義や黄帝にも同じようなエピソードがみられるため、誰が火をもたらしたかには定説がないようだ。

人々に農業を教えたあと、神農は市場をつくらせて物々交換をさせる商売を提案。さらに自らすべての植物を口にして毒草と薬草を見極め、多くの薬を考案した。そして薬草についてまとめた書物『本草経《ほんぞうきょう》』をつくったという伝説も残る。実際、後漢から三国時代に成立した『神農本草経』にその名が残っている。神農は1日に70回もの毒にあたっても解毒することができたといわれるが、最期は猛毒の断腸草《だんちょうそう》を舐めて解毒できずに亡くなってしまう。

神農の娘たちは仙女となって仙界に遊ぶ

人類に対して慈愛をみせる神農だが、あまりに古い神であるため伝説はほとんどが散逸してしまった。代わりに残されたのが彼の娘たちの伝説だ。

若死にしたものの瑤草《ようそう》という草花にうまれ変わった「瑤姫《ようき》」、海で溺れ死んだあとに精衛《せいえい》という鳥へとうまれ変わり、憎い海を埋めようと小枝や石を海に落とし続ける「女娃《じょあ》」など、地理書『山海経』をはじめとした書物には神農の娘たちの伝説が残されている。

神農は農業の神、医薬の神として長く愛されてきた。その伝説は海を渡り日本にも伝わり、大阪の少彦名《すくなびこな》神社など「神農さん」を祀る神社が今でもいくつか存在する。こうして神農の名は三皇の中で最も著名となった。

Huángdì

黄帝（こうてい）

別名 公孫軒轅（こうそんけんえん）、帝鴻（ていこう）など

分類 伝説、仙話など
神格 五帝、古代中国王朝の始祖神
登場作品 『孫子』『荘子』『史記』など

中国王朝の始祖たる五帝のひとり

五帝のひとり。炎帝（神農）[→P44]の子孫の時代に、怪物とされる蚩尤[→P204]を倒し、炎帝に代わって天子となった。黄帝は中国のあらゆる王朝の始祖であるとされ、東洋医学をうんだとも伝わる。彼の事蹟を記す歴史書『史記』の「五帝」の項目は、歴史家の司馬遷自ら執筆しており、黄帝の存在は漢代から信じられていたと考えられる。

東洋医学
黄帝は中国医学の始祖ともされ、東洋医学のルーツとなっている中国最古の医学書『黄帝内経《こうていだいけい》』は、黄帝の著作と信じられている。

后土《こうど》[→P52]
黄帝を補佐する大地母神。五佐のひとり。

帝江《ていこう》
足を6本、翼を4つもち、のっぺらぼうの姿をした神。帝鴻（黄帝）のこととされる。

炎帝（神農）と蚩尤を下し天子となる

中国神話で筆頭に挙げられるのが、「三皇五帝」と呼ばれる伝説的な帝王たちだ。どの人物が該当するかは書物によってさまざまだが、『史記』にならい伏羲、女媧［→P40］、神農を三皇、黄帝、顓頊、嚳、堯、舜を五帝とするのが一般的とされる。また、三皇が神とみなされ、神話の香りを残すのに対し、五帝は聖人君子としての性格が強く、黄帝の登場で中国神話は一気に史実感が増していくこととなる。

黄帝の神話としてとりわけ語られるのは、炎帝や蚩尤との戦いだ。炎帝の子孫が天下を治めていたが徳が薄く、世は乱れ人民は困窮していた。そこで黄帝は炎帝と戦い勝利。さらに仇を討とうと決起した炎帝の子孫たち、特に怪物の蚩尤を打ち破り天子の座についたという。

また、黄帝は五行説において中央を支配する天帝であるともされる。彼が中央を司ることになった背景として、雷神として決起した黄帝が四帝（諸説あるが、ここでは炎帝、蚩尤、葷粥《くんいん》、もうひとりは不明）に勝利したからという説がある。「稲光からうまれた、軒轅（黄帝）は雷雨を司る神である」などの記述がみられることから、もともと黄帝は雷神としての性格を有していたと考えられている。さらに古い時代の神話では4つの顔をもち、玉を食べ、崑崙山《こんろんさん》に遊びに行くとされた。

脈々と続く古代中国王朝の始祖としての役割

また黄帝は祭祀をよく行っており、その中には天と地を祀る「封禅《ほうぜん》」も含まれる。これはのちに始皇帝［↓P132］も行った祭祀として有名だ。黄帝はこの封禅によって神意を得て暦をつくったと『史記』には書かれている。この黄帝の存在は司馬遷が『史記』を編纂した時代には、詩や民間伝承の中に残され人々の間で信じられていたらしい。このあと、天子の位は黄帝の子孫や聖人に引き継がれ、夏王朝へと繋がっていく。つまり黄帝は夏王朝、殷《いん》王朝へと続く祖先神ともいえる。夏から殷、周、そして漢へと続く血筋が正当なものであったことを示すために、彼の名は歴史に刻まれることとなった。人であり神であり聖人でもある黄帝は、今なお中国の祖としてその名を知らしめている。

祝融（しゅくゆう）

Zhùróng

分類 伝説など
神格 五佐、火の神、南方の神
登場作品 『山海経』『史記』など

五行思想をもとにつくられた炎帝（神農）の補佐神

祝融は、三皇のひとり炎帝［→P44］の補佐を務める火の神で、人の頭と獣の体をもち、2頭の龍に乗るという。歴史書『史記』では四罪［→P202］のひとりで洪水神の共工《きょうこう》を倒し、地理書『山海経』では同じく四罪のひとり鯀《こん》を倒すなど、炎を司るにふさわしい戦い方をみせている。また、祝融は南方を司るとされ、「五佐」に数えられている。中国では古くから「五行思想」や「五行説」と呼ばれる思想が信じられてきた。これは木（青）、火（赤）、土（黄）、金（白）、水（黒）の元素から世界が成り立っているという考えである。『史記』において「火」の炎帝のあとに「土」の黄帝が立つというのは、この流れを汲んでいると考えられている。そんな五行思想に則ってうまれた神が五佐である。五佐とは、祝融のほかに、三皇のひとり伏羲［→P40］（木）を補佐する句芒、黄帝［→P48］（土）を補佐する后土、黄帝の子（孫とも）少昊《しょうこう》（金）を補佐する蓐収《じょくしゅう》、黄帝のひ孫である顓頊（水）を補佐する玄冥《げんめい》の5神のことだ。

句芒は人の頭に鳥の体をもつ神で、東を守り司っていたという。大地を司る后土は女神とされており、のちに道教と交じると仙女となった。また、西方を守る蓐収は龍を乗りこなす神。玄冥については謎が多いが、海神と風神を兼ねて冬を司り、北方を守る神とされている。五佐はそれぞれ『山海経』に登場する異形の神が採用されていることから、かつては単独で信じられていた神が、五行思想の高まりとともに大神の補佐として取り入れられたと考えられる。

この五佐のうち句芒、祝融、蓐収、玄冥はそれぞれ、青龍、朱雀、白虎、玄武と名前を変えて天の四方向を守る四神［→P180］として有名になった。この四神は風水にも取り込まれ、平安時代には日本の都の造営に採用されるなど、時代も国も超えて広まることとなる。なお后土は中央を守り土を司るため四神に含まれず、最上級の聖獣でもある麒麟［→P184］にしばしば例えられる。

Cāngjié

蒼頡（そうけつ）

別名 倉頡、侯岡頡（こうこうけつ）

分類 伝説など
神格 文字の創造者、五帝
登場作品 『淮南子』『春秋緯元命苞』

鳥の足跡から文字を創造した4つ目の貴人

文字を創造した存在とされ、五帝のひとり黄帝〔↓P48〕の記録係であったといわれている。それまでは記録に縄の結び目を使っていたが、黄帝はこの方法に不満をもち、別の記録方法を考案するよう蒼頡に命じた。新たな記録方法に思い悩んでいた蒼頡はある日、鳥たちの足跡を見て、筋目や爪などの細かい部分がそれぞれ異なることに気がつき、文字を考えついた。このとき思いついた文字は木や骨に刻むだけの象形文字のようなものだったが、のちに試行錯誤が繰り返され、文字になっていったという。文字は画期的な発明であったが、思想書『淮南子』には文字があることにより、世の中に嘘やいつわりが流布するようになったと記録があり、人々は大切なことを放棄して些細なことばかり気にするようになり、働かずに利益を得ることを考え出して畑仕事を放棄するようになってしまったという。このままいけば人々は飢えに苦しむようになるだろうと嘆いた天は、雨のように穀物を降らせた。また、鬼たちは文字により呪術が用いられるようになったため、自分たちがおびやかされるようになることを嘆き悲しみ、夜中に声をあげて泣いたと記されている。

五行思想では蒼頡を五帝のひとりであったとする。『春秋緯元命苞《しゅんじゅういげんめいぼう》』には、蒼頡を帝と表記するのに加えて容姿に関する描写がみられる。曰く、天子のように立派な顔立ちをしており、4つの目をもち、そこから尊い不思議な光を放つという。また、徳が高く、うまれつき書に優れていたともされる。この描写にみられるよう、古くに描かれた蒼頡の絵は4つの目をもった姿となっている。また、1つの目に瞳が2つある「重瞳《ちょうどう》」であり、蒼頡はうまれつき「重瞳四目」であったとする説もある。中国では、重瞳は貴人の印であるとされており、秦時代の武将、項羽［→P142］や五代十国時代の南唐の国主である李煜《りいく》、明時代末から清時代の学者、顧炎武《こえんぶ》らも重瞳であったと伝わっている。

西王母（せいおうぼ）

Xīwángmǔ

別名 九霊太妙亀山金母（きゅうれいたいみょうきざんきんぼ）、王母娘娘（おうぼにゃんにゃん）など

分類 伝説、仙話など
神格 女仙
登場作品 『山海経』『淮南子』『穆天子伝』など

不老不死の桃を守る最高位の女仙

玉山《ぎょくさん》もしくは崑崙山に住んでいるとされる女仙。不老不死の女仙として人気が高く、信仰され続けてきた。西王母が住む宮殿の敷地には桃園があり、3千年に1度実る桃を食べると歳を取らなくなるという。この桃園の桃が振る舞われる西王母の誕生祭である蟠桃《ばんとう》会《え》を、招待されなかったことに腹を立てた孫悟空［→P78］が、暴れてめちゃくちゃにした。

『山海経』

中国の神話や伝承が図を用いながらまとめられた全18篇（13篇とも）の地理書。単独の著者ではなく、長い時間をかけて複数の筆者がつくりあげたものだと考えられる。中国神話を研究するうえでたいへん貴重な書物であり、多くの注釈書も執筆された。

東王父《とうおうふ》

西王母と対をなす存在で、男仙の元締めとされる仙人。仙人は東王父、西王母の順に謁する決まりがある。

災厄の神から不老不死の女神へと転身

西王母は非常に有名な女仙であり、道教ではすべての女仙を束ねる最高位の存在であるとされる。また、崑崙山の桃園を管理するとされていることから不老不死であると信じられ、今なお多くの信仰を集めている。しかし、実は古代においては、現在のような母性と慈愛に満ちた女神という好意的なイメージとは真逆な、殺気漂う恐ろしい異形の神だった。

地理書『山海経』の「西山経」ではヒョウの尾とトラのような歯をもち、乱れ髪にかんざしを刺した姿をしている。うそぶくのが上手で、五刑などを管理すると記され、災害を司るものとされていた。そののち徐々にその描かれ方は、優雅な夫人へと変化していく。『淮南子』には、月仙の嫦娥［→P60］が自身の夫が西王母から譲り受けた不老不死の薬を盗んで食べ、仙人になったという記述があるように、西王母が不老不死を司るとする描写がある。歴史書『穆天子《ぼくてんし》伝《でん》』には、周の穆王に招かれた西王母が、穆王のために唱う場面が書かれている。さらに思想書『荘子』の大宗師篇では、西王母は道徳を身につけた最高位の仙人をさす「真人《しんじん》」のひとりであるとされている。このように西王母は、悪神とされていたところから徐々に優雅な夫人へと変化し、道教に取り入れられると最高位の女神として信仰されるまでになった。

西王母の描かれ方と日本での受け入れ

西王母を描いた多くの絵は美しい女性の姿をしており、三青鳥《さんせいちょう》とともに優美で麗しい西王母の姿を描いた画像石や画像磚《せん》（建物に使われる中国のれんが）が残っている。三青鳥とは、西王母の身のまわりの世話をする3羽の鳥のこと。『山海経』には、三青鳥は西王母のために食物を運び、目が黒くて頭は赤く、それぞれ大鶩、小鶩、青鳥というと記されている。三青鳥のほか、足が3本ある三足烏や尾が9つある九尾狐［→P206］、月の精である蟾蜍《せんじょ》（ヒキガエル）、月に住む兎の玉兎《ぎょくと》なども、西王母とともに描かれる。

日本では説話集『唐物語』で登場して以降、能の題材とされるなど人々に受け入れられた。桃の節句を祝う3月3日は、西王母の誕生日である。近年のアニメやゲームでもキャラクターモチーフとして活躍している。

Chángé

嫦娥（じょうが）

別名 常娥、姮娥（こうが）、常羲（じょうぎ）

分類 伝説、仙話など
神格 月の精、神仙
登場作品 『山海経』『淮南子』『捜神記』など

不老不死の薬のため夫を裏切りカエルになった月精

たいへん美しい女性であった嫦娥は、夫が西王母〔↓P56〕から譲り受けた不老不死の薬を盗んでしまった。小説集『捜神記』には、逃げる際に神巫に占いをしてもらい「吉。恐れることなく先へと進めば、やがて栄えるであろう」という回答を得て、月へと向かったとある。こうして月仙、もしくは月精となってかつて失った不老不死を取り戻した嫦娥であったが、美しい容姿を失ってヒキガエルの姿になったという。

この話は「嫦娥奔月《じょうがつきにはしる》」という故事として語り継がれており、中国では月にはウサギのほかに、ヒキガエルがいると考えられている。

そんな嫦娥の夫は、弓の名手、羿だ。夫婦ともに天界に住んでいた時、羿が帝俊《ていしゅん》から下界の問題を解決するよう命じられ、揃って下界に降り立ったという。下界は五帝のひとり堯の御代。順番にのぼっていたはずの10個の太陽が同時にのぼり、熱で下界の人々を困らせていた。助けを請われた羿は、まず太陽たちを威嚇したが通用しなかったため、帝俊から下賜された赤い弓と白い矢で9個の太陽を射落とした。すると、荒れた土地に緑が戻り、人々は救われたという。しかし、太陽は帝俊の息子たちであったため、羿は帝俊の怒りをかってしまう。帝俊へ貢物を捧げた羿だったが許されず、天に戻ることができなくなった。羿が不老不死の薬を手に入れたのには、こういった事情があったのだ。

嫦娥奔月のあと地上に残された羿は、弟子に弓を教えるなどして暮らしていたが、その弟子にも裏切られて殺されるという悲劇の結末を迎えるのである。

嫦娥は古くは「姮娥」と記載される。また、帝俊の妻で月の女神である常羲と同一とみなすこともある。中国では現在も月と嫦娥のイメージは強く結びついており、2019年1月に史上はじめて月面の裏側での植物発芽に成功した月面探査機は「嫦娥4号」と名づけられた。

元始天尊（げんしてんそん）

Yánshǐtiānzūn

分類 仙話など
神格 道教の最高神
登場作品 『隋書』『封神演義』など

道教の三清でも最重要の神

道教の最高神である3神の中で最も重要な神とされる。歴史書『隋書《ずいしょ》』では自然の気を受けて、物事が起こる前の状態である太元《たいげん》の先にうまれた。常に不滅であり、天地が壊れたとしても存在し続ける。天地がつくられると、人々に教えを授ける。これを「開劫度《かいごうど》人《じん》」というと記されている。また、原初の神、盤古［→P36］と同一の存在とされることも。

道《タオ》
道は道教の重要な概念であり、宇宙、万物の根源。人は人為的なことばかりせず、宇宙や自然に添って生きるべきと説いている。思想家の老子により考えのもとがうみだされ、思想家の荘子が練りあげた「老荘思想」の根幹である。また、元始天尊は道を神格化した存在ともいわれる。

一般知名度に差がある最高神たち

道教において、諸説あるが多くは「三清《さんせい》」が最高神であると考えられている。三清とは元始天尊、霊宝天尊《れいほうてんそん》、道徳天尊《どうとくてんそん》の3神。霊宝天尊は太上道君《たいじょうどうくん》、道徳天尊は太上老君《たいじょうろうくん》という別名の方が通りがよいだろう。三清の中でも、最も重要な神とされているのが元始天尊である。人々に道を説き、多くの仙人たちも元始天尊の教えを受けたとされている。三清を描いた絵では、元始天尊が中央である。しかし、太上老君の方が、元始天尊よりも多くの文学作品に登場していることから、一般には広く知られている。太上老君は、思想家の老子を神格化した存在であり、道教の始祖であるとされる。三清においては3番目の序列とされているが、道教的には太上老君こそが最高神と考える説もある。道教の理論書『抱朴子《ほうぼくし》』には太上老君について「身長9尺。黄色い体に高い鼻、くちばしのような口をもち、全身に八卦が刻まれている。黄金と玉でできた宮殿に住み、幾つも重なった冠をつけ、頭上は輝く。多くの童子と神獣たちが従う」とある。まさに最高神らしい描写だ。霊宝天尊こと太上道君は、三清の序列2

番。道教の経典『雲笈七籤《うきゅうしちせん》』には「布教に尽力し、元始天尊より経典を授かった」とある。しかし、ほかの2神と比較すると文学作品や近年の創作物に登場する機会は少なく、一般にはややイメージしづらい神である。特に小説『封神演義』において、元始天尊と太上老君、そしてオリジナルの通天教主《つうてんきょうしゅ》を三清としていたことが、いっそう太上道君を不遇な存在へと追いやった。

補佐役の四御と三清の身近な活躍

三清をサポートし、天界の仕事にあたる神を「四御《しぎょ》」という。四御は玉皇《ぎょくこう》大帝《たいてい》、北極紫微大帝《ほっきょくしびたいてい》、天皇大帝《てんおうだいてい》、后土《こうど》の4神。その中心は玉皇大帝。事実上の最高神とも考えられ、五帝のひとり黄帝［↓P48］と同一視されることも。北極紫微大帝は北極星の神格化で、天皇大帝は北極紫微大帝と対になる星の神。后土は大地神で後世には女神とされ、黄帝を補佐する五佐にも数えられる。

三清は、藤崎竜の漫画『封神演義』でも活躍する。元始天尊は主人公である太公望の師として登場。太上老君は若々しい美青年の姿で、実力はあるが呼吸すら面倒くさがって眠り続ける怠け者として描かれている。

泰山府君（たいざんふくん）

Tàishānfǔjūn

別名 太山府君、太山王（たいざんおう）、東嶽大帝（とうがくたいてい）、など

分類 伝説、仙話など
神格 十王、冥界の神
登場作品 『捜神記』など

死者と地獄を管理する冥界の神

道教では東嶽大帝と同一視されている、泰山を支配する神だ。泰山とは山東省に実在する山で、道教の聖地とされる。泰山は死者の魂が帰るところといわれていることから、冥界があると考えられた。ここから、泰山府君も冥界と結びつけられている。のちに、地獄で死者を裁く10神（十王）として、閻羅王《えんらおう》（閻魔王《えんまおう》）とともに取り入れられると「太山王」と名を変え、地獄第七殿の熱悩地獄において、人の寿命を記した帳簿を管理しているという。泰山府君の部下の多くは土地神などから選ばれる。しかし、まだ命のある人間が眠っている間だけ泰山府君の部下として働くこともあったとされる。

泰山府君と人間、そして冥界との関連を示す話が小説集『捜神記』にみられる。ある日、胡母班《こぼはん》という男が泰山府君の使いに呼び止められた。使者の指示どおりに一度目を閉じて開けると立派な宮殿があり、泰山府君から娘婿へ手紙を届けて欲しいと頼まれる。胡母班が任務を終え宮殿の厠を借りた際、何百もの人々が枷をはめられ、働かされている中に父の姿を発見。父は「服役しているが、辛くて仕方がない。土地神にしてくれるよう泰山府君に頼んで欲しい」と言うので、胡母班は泰山府君に頼み込んだ。「父とはいえ死者に近づいてはならない」と泰山府君から諭されるも、最終的に望みは叶えられた。しかし1年後、胡母班の家の子どもたちが次々と死んでいく。ただごとではないと考えた胡母班が泰山府君のもとへ行くと、泰山府君は「だから死者に近づくなと言ったではないか」と笑い、胡母班の父を呼び寄せた。父が「故郷に帰れたことで浮かれ、孫たちを呼び寄せてしまった」と白状したため、土地神は別の者に交代となった。以降、胡母班の家で子どもが死ぬことはなくなったという。

このように泰山府君は、冥界の神とはいえ高圧的や陰湿な面はみられず、むしろ人に寄り添うような描かれ方をしているのが特徴だ。

Bìxiáyuánjūn

碧霞元君（へきかげんくん）

別名 泰山老母（たいざんろうぼ）、玉女大仙（ぎょくじょたいせん）、泰山娘々（たいざんにゃんにゃん）など

分類 伝説、仙話、民間伝承
神格 泰山の女神
登場作品『瑤池記』など

心広く多くの人々を救う優しき女神

泰山の神々の中でも、特に人気が高く信仰が厚い女神。金運、出世、豊作、勝負事、良縁、子宝、男の子の出産祈願、病の治癒、旅先での安全と、そのご利益は多く、まさに万能の神といえる。さらに碧霞元君は、熱心に信仰するものだけではなく、信仰心が薄い者にすら救いの手を差し伸べてくれるといわれている。その心の広さも、多くの人から信仰を集める理由であろう。泰山においては、最高位である泰山府君［→P66］をしのぐほどの人気があったとも。お告げをもたらすと考えられていることから、特におみくじの人気が高い。

碧霞元君の出生、来歴については複数の説がある。有力な説としては、東嶽

大帝（泰山府君）の娘である玉女大仙と同一とする説がある。北宋王朝の皇帝、真宗《しんそう》が泰山の池の近くを通りがかると、突然池に水が湧いた。そこで、池の底をさらってみると、玉女の像が引きあげられたという。その場所は、やがて碧霞霊応宮と呼ばれる廟になったとされており、現在も参拝客が非常に多い。

また、五帝のひとり黄帝［→P48］の補佐をしていた七天女のひとりとするものがある。黄帝が西崑真人《せいこんしんじん》を迎える際、七天女を使いに出した。そのうちのひとりが西崑真人のもとで修行し、道を学んで会得。その天女こそが碧霞元君であるとされる。さらに、ある娘が修行に励んだ結果、碧霞元君になったとする説がある。幼い頃からとても賢く、3歳にして人の道義を理解し、7歳で最高位の女仙である西王母［→P56］との面会が叶った。西王母との縁から山に籠って修行し、泰山に入ってさらに修行を重ねて碧霞元君になったという。一般の女性が碧霞元君になったとする説はもうひとつ。山東省の女性が神と出会って道術を学び、多くの人々を救った。のちに泰山に入って不老不死の妙薬である金丹をつくり、それを飲んで神になったという。このように、来歴が絞り込めないのも碧霞元君の特徴。それだけ、広く信仰されている証ともいえる。

南斗星君（なんとせいくん）

Nándòuxīngjūn

分類 伝説、仙話など
神格 星の神格化
登場作品 『捜神記』など

生を司る南斗六星の神

道教には「五斗星君《ごとせいくん》」という、星を神格化した5神（東斗星君、西斗星君、南斗星君、北斗星君、中斗星君）が存在する。東斗星君は計算、西斗星君は護身、中斗星君は保命を司るといわれ、寿命や爵禄《しゃくろく》を司る南斗星君は特に人気を集めており、今なお厚く信仰されている。この南斗の対となる存在で、いわゆる閻魔のように、死んだ者の経歴を調べて行いが悪い者を長く地獄にとどめるもの、あらゆる人々の吉凶や禍福を定めるものともいわれるのが北斗星君である。北斗星君は人間の死を司ると考えられているのだ。生と死という対になる2神の役割を語るエピソードが小説集『捜神記』に記されている。

過去や未来を見ることができる占星術師の管輅《かんろ》は、寿命が残り僅かな少年、顔趙《がんちょう》を見かけた。管輅が哀れんでいると顔趙に話しかけられたため、正直に理由を話した。管輅は、助かる方法を教えて欲しいと頼む顔趙に「南方の大きな桑の木の下で碁を打っているふたりの男に、酒を注いで干し肉を差し出しなさい。決して話さず、何か言われても黙っておじぎしているように」と指示した。少年が桑の木の下に行くと本当に碁を打つふたりの男がいた。顔趙は管輅に言われたとおり給仕をしたが、碁に夢中なふたりは顔趙に気づかず、酒を飲んで干し肉を食べた。碁を打ち終わると北側の男が顔趙に気がつき、「なぜここにいるのか」と叱った。顔趙が黙って頭を下げていると、今度は南側の男が口を開き、「この子にずいぶんごちそうになったのだからありがたがらないと」と北側の男をなだめた。そして、寿命が記された帳簿を開き、19となっていた彼の寿命を90に書き換えたという。この北側の男が北斗星君、南側の男が南斗星君である。

北斗と南斗の関係がもとになっているのが、人気漫画『北斗の拳』である。北斗神拳が陰、南斗聖拳が陽であり対をなすという設定だ。

Māzǔ

媽祖（まそ）

別名　天上聖母（てんじょうせいぼ）、天后（てんこう）、天妃娘娘（てんひにゃんにゃん）など

分類　仙話、民間伝承など
神格　海の女神
登場作品　『西湖游覧志』『通俗編』など

海難から人々を守る航海の女神

媽祖は台湾や福建省、広東省などの海に近い地域で特に厚く信仰されている女神で、航海の安全や子宝を司る。媽祖はもともと福建省にうまれた民間の少女だったといわれている。少女はうまれてからまったく泣かず、口もきかなかったため「黙《もう》」と名づけられた。おとなしすぎる少女はある道士と出会って以来、不思議な力を発揮しはじめる。

少女がうたた寝していたところを母が起こすと、目を覚ました少女は「父と兄が乗った船が難破したので、助けようとしていた。でも、途中で起こされてしまったから一番上の兄を助けることができなかった」と話した。航海から帰

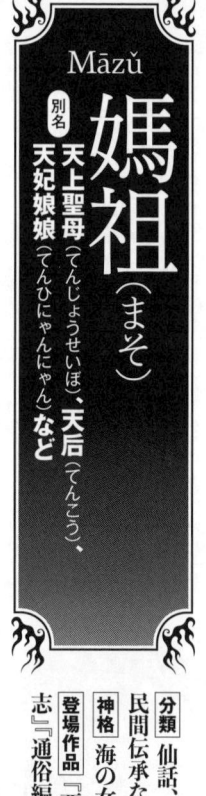

宅した父や兄弟に問うと、少女の夢の通りのことが起こっていたという。これ以外にも数々の霊験を得た少女だったが、若くしてこの世を去った（または父が海難で死んだことを嘆き、旅立った）。「龍女」と呼ばれていた彼女は、亡くなると仙女となり赤い服を着て海の上を飛びまわりながら、霊験で人々を救い続けたとされる。最初は限られた地域での信仰であったが、徐々にそのご利益が伝わり広がっていき、王朝から「天后（天妃《てんぴ》）」の称号が贈られるまでになった。

媽祖は、「千里眼《せんりがん》」と「順風耳《じゅんぷうじ》」というふたりの鬼神を従えている。媽祖を描いた絵には、中央に媽祖がおり、千里眼と順風耳が左右に控えているという構図で描かれているものがみられる。千里眼は遙か遠くを見ることができ、順風耳は遠くの音を聞くことができるとされている。小説『西遊記』でも千里眼と順風耳はコンビで登場する。遠くの出来事を知る能力を活かし、玉帝に地上で大暴れする孫悟空という石猿がいると報告をする役目を担った。千里眼と順風耳はもともと悪鬼であったが、媽祖に打ち破られてから改心し、それ以来仕えるようになったと伝わっている。

鍾馗（しょうき）

Zhōngkuí

別名 鍾葵

分類 仙話、風習など
神格 厄払いの神
登場作品 『夢渓補筆談』など

顔は怖いが心優しく鬼から人々を守る

鍾馗は鬼や厄を払うものとされており、大きな目と繁々しい髭、黒い服が特徴だ。中国では家の門に鍾馗の絵を飾って、家の中に厄が入らないようにしているという。日本でも五月人形や厄除けの像として飾られている。なぜ、鍾馗の絵を厄払いのために飾るのか。その由来となる有力な説話が伝わっている。

唐の皇帝、玄宗［→P172］が瘧《おこり》に苦しめられていたある晩、鬼の悪夢を見た。そこへ体の大きな男が現れて鬼を退治してくれた。玄宗が男に名前を尋ねると、男は「私は科挙（役人の採用試験）に落第した鍾馗という者です。役人になれなくても、陛下のために災いを取り除きたいと思っています」と言った。目を覚ました玄宗は、瘧が治まり元気になっていた。すぐに有名画家の呉道玄を呼び寄せ、その男の姿を絵に描かせて厄払いのお守りにした。これが民間にも広まり、鍾馗の絵や像を厄除けのお守りとして飾るようになったといわれている。

また、鍾馗に関わる「鍾馗嫁妹《しょうきいもうとをかす》」という説話が広く知れ渡っている。この話での鍾馗は生きている人間として登場する。生前の鍾馗は、容姿端麗で学才に優れていた。鍾馗は役人の試験を受けたが、この試験は不正にまみれており、賄賂を贈らなかった鍾馗は、最も成績がよかったはずなのに落とされてしまう。不正のために落とされたという事実を知った鍾馗は、あまりの悔しさに憤死してしまった。鍾馗には親友がおり、鍾馗が死んだ理由を皇帝に伝えて汚名を雪ぎ弔った。一連の話を知った皇帝は、鍾馗に鬼を退治する仕事を与えた。その際、鍾馗は恐ろしい容姿に変わったという。その後、鍾馗に負けず劣らず優秀だった親友は、役人の試験にも合格。鍾馗はこの誠実で頭のよい親友に、現世に残した大切な妹を託したいと考えた。妹を説得するため現世に戻り、多数の子鬼を率いて妹を親友宅に送り届け結婚させると、安心してあの世に戻ったという。このエピソードは京劇の演目としても人気が高い。

神仙思想に取り入れられ、優美な姿となった西王母
（明時代『仙佛奇踪』より）

3章 伝奇編

Sūn Wùkōng

孫悟空（そんごくう）

別名 闘戦勝仏（とうせんしょうぶつ）、孫行者（そんぎょうじゃ）、斉天大聖（せいてんたいせい）など

分類 創作

神格 猿の大妖怪

登場作品 『西遊記』など

敵をなぎ倒す猿の最強妖怪

小説『西遊記』の主人公ともいえる猿の妖怪。石の卵「仙石」から誕生した彼は、仲間の猿たちと徒党を組み天界を巻き込む大暴動を起こして罰を受け、三蔵法師［↓P82］とともに遙か遠い天竺まで旅をする羽目となる。我儘《わがまま》な三蔵法師を支えて守り、時に喧嘩をしながらも無事に旅を終えた彼は「闘戦勝仏」という名を与えられ仏となるのである。

如意棒

『西遊記』によると、天界の龍宮から無理やり奪い取ったもので伸縮自在。漫画『DRAGON BALL』でも主人公、孫悟空の武器として登場する。

觔斗雲

仙界で修行を積んでいた時に身に着けた仙術で、どこまでも飛ぶことができる。如意棒とともに三蔵法師との長い旅の間に大いに役に立ち、天竺への旅を手助けしてくれるキーアイテムとなった。

大暴れ猿妖怪、仏の手引きで天竺への旅に出る

中国の四大奇書のひとつ『西遊記』。かつては講釈師によって語られていた物語が明代の文人、呉承恩《ごしょうおん》によって1冊の本にまとめられたものだ。舞台は唐。南贍部州《なんせんぶしゅう》では悪がはびこり、これを教化するには遙か遠い天竺にある経典を手に入れる必要があった。そこで高僧の三蔵法師と、お供の孫悟空、猪八戒［↓P84］、沙悟浄［↓P86］が天竺まで経典を取りに行く……それが『西遊記』のメインストーリーだ。

『西遊記』の主役は三蔵法師ではなく猿の妖怪、孫悟空。彼は寿命が尽きることを恐れて仙人の弟子となり、不老長生の術を学ぶ。しかし神通力を得ると尊大となっていき、やがて寿命を記した帳簿の数字を書き換えて仲間と自分を不老不死にしてしまった。そんな孫悟空を持て余した天帝は、彼を天界にある桃畑の管理人に任命。もちろん大人しく従うはずもなく、彼は勝手に桃を食べて宮殿で大暴れ。とうとう天帝や釈迦如来の怒りを買った孫悟空は、罰として五行山に閉じ込められることとなる。全100話のうち7話まではそんな彼の大

暴れのドタバタ劇が続き、妖怪や天界の様子が描かれていく。

孫悟空が山に閉じ込められて500年後。地上では三蔵法師が真経を求めて旅立とうとしていた。功徳を積むため、孫悟空もこの一行に加わって三蔵法師を護衛することに。こうして彼は遥か遠い天竺への旅に出ることとなった。

暴れ猿はやがてスーパーヒーローに変貌

物語の最初で、あれほどの大暴れを演じた孫悟空だが、実際に旅がはじまってみると一気にその性格は従順なものとなる。口では反抗的な態度を取りながらも、三蔵法師がピンチとなれば駆けつけ、仲間の沙悟浄や猪八戒とともに彼を守る。また三蔵法師がたびたび口にする「腹が減った」などの我儘にもつき合うなど、従順な弟子らしい姿に変化していく。しかし旅はそう簡単なものではない。この旅には81の難関があると予言されていたとおり、数々の妖怪や罠が三蔵法師一行を襲う。時には三蔵法師の勘違いから孫悟空を破門することもあったが、結果的には孫悟空は三蔵法師のもとに戻り、経典を手に入れることに成功。彼らには仏の名が与えられたのである。

三蔵法師（さんぞうほうし）

Sānzāng fǎshī

別名　玄奘三蔵（げんじょうさんぞう）、江流（こうりゅう）、旃檀功徳仏（せんだんくどくぶつ）など

分類　歴史、創作など
地位　高僧
登場作品　『江流和尚説話』『西遊記』

実在の人物でもあった三蔵法師

西遊記の主要人物のひとりであり、孫悟空〔→P78〕ら妖怪を率いて天竺へ旅に出た三蔵法師。メンバーの中では唯一の人間だが、前世の彼は釈迦如来の弟子であり、生意気な態度を取ったため罰を受けて転生したとされている。さらに別の話では、山賊に追われた親が子を川に流し、その子が僧侶に拾われ成長して三蔵法師となった、という物語もつくられるなど、さまざまな出生譚をもっている人物でもある。

時の皇帝の命により、善を広めるありがたい経典を天竺へ取りに行くこととなった三蔵法師。意気揚々と出立するも、ただの人間である彼はすぐさま山道

で迷ってしまう。僧としての徳は高いが、かなり頼りない人物として描かれており、妖怪相手となるとすぐに捕まる、騙されるなどの苦難に巻き込まれる。そんな三蔵を救うのは、孫悟空をはじめとする妖怪たち。三蔵は彼らの手を借りながら、81もの難関をくぐり抜け、とうとう天竺にたどりつく。

しかし天竺でも経典はすぐに手に入らなかった。宝を守る釈迦の弟子に賄賂を渡してようやく目的のものを手に入れた一行は、14年もの長い旅を終えて唐へと戻る。そこで前世の罪を許され、仏としての位を手に入れるのである。

小説では神秘性をもつ三蔵法師だが、実在の人物のモデルがいる。玄奘三蔵と呼ばれる人物で、唐の時代の僧侶であり、仏教を学ぶために単身、インド（天竺）へと旅に出た。史実の彼は正式に送り出されたわけではなく、法を破って出国したのである。当時のインドは未開の地であり、唐の人々からすれば妖怪が跋扈《ばっこ》する不思議な世界だと思われていた。『西遊記』の情けない印象とは似ても似つかない、剛胆な人物といえる。紆余曲折ののちに天竺にたどりついた玄奘三蔵は修行を積み、出発から17年後に中国に帰国して法相宗の開祖となった。この史実をもとに、大きく膨らませた物語が『西遊記』だ。

猪八戒（ちょはっかい）

Zhū Bājiè

別名　猪悟能（ちょごのう）、猪剛鬣（ちょごうりょう）、浄壇使者（じょうだんししゃ）など

分類　創作
地位　ブタの大妖怪
登場作品　『西遊記』

好色家で知られるブタの大妖怪

三蔵法師［↓P82］を守る旅のメンバーのひとり猪八戒。イノシシという文字が使われているが、中国では猪はブタを指すため、ブタの妖怪とされる。

かつては天蓬元帥《てんぽうげんすい》という天の川を守る天界人であったが、好色な彼はあるとき通りがかった月仙の嫦娥［↓P60］に戯れかかってしまい、その罪で人間界に叩き落とされてしまった。その際、魂が誤って雌のブタの体の中に入ったことで、ブタとして生を受けてしまうのである。ブタの妖怪（猪八戒）となった天蓬元帥は人を襲って生計を立てていた。

三蔵法師の旅を守護することになる観音菩薩が、三蔵法師の従者となる存在

を探していた際、猪八戒は敵と間違えて観音菩薩を攻撃してしまう。しかし相手が菩薩と気づくと大急ぎで叩頭し「このような生活から救われたい」と訴えたのである。三蔵法師の旅の道連れに似合わない妖怪ではあるが、観音菩薩は猪八戒の罪を許し、ここで主となる人を待つようにと言い含めた。

その言葉のとおり三蔵法師を待ち続けたが、好色家であった猪八戒は、おとなしく待つことができず、近くの庄屋の娘を無理やり奪って家を占領。行きがかりに庄屋の主に助けを求められた三蔵法師一行は、孫悟空［↓P78］を娘に化けさせ猪八戒を待ち受けた。孫悟空にコテンパンにやられた猪八戒は、この一行こそ観音菩薩の言っていた人物だと気づくと、すぐさま許しを請い旅のメンバーに加わるのである。その際、三蔵法師より「猪八戒」と名を与えられ、8つの生臭物を断ち、精進料理しか口にしないと誓った。

天竺への旅の道中でも猪八戒は本能のままに行動しては失敗する、愉快なキャラクターだ。暴れん坊から世話焼き弟子へと変わった孫悟空と異なり、猪八戒は相変わらず旅の間に女に騙される、孫悟空の悪口を三蔵法師に吹き込んでふたりを仲違いさせるなど、物語をかきまわす役目を担うこととなる。

沙悟浄（さごじょう）

Shā Wùjìng

別名 捲簾大将（けんれんたいしょう）、沙和尚（しゃおしょう）、金身羅漢（こんしんらかん）など

分類 創作
神格 水怪
登場作品 『西遊記』

三蔵法師を手助けする水の妖怪

三蔵法師［→P82］一行に最後に加わる仲間が沙悟浄だ。日本ではカッパとされることも多いが、中国にカッパは存在せず、正しくは水の妖怪である。

三蔵法師、孫悟空［→P78］、猪八戒［→P84］が連れ立って大河である流沙河《りゅうさが》に差し掛かったところ、水中に潜んでいた沙悟浄が襲いかかる。しかし沙悟浄もほかのメンバーと同じく、もともとは捲簾大将という天界の役人だった。天帝の瑠璃の器を壊した失敗で地上に落とされ、それ以降は水の妖怪として通り掛かる人を襲う日々を送っていた。

水中を自由に行き来する沙悟浄に手を焼いた孫悟空が天に助けを求めたとこ

ろ、観音菩薩自ら「彼らは天竺に向かう三蔵法師一行だ」と沙悟浄を説得。以前にも「三蔵法師を助けて天竺に行けば罪が救われる」と聞かされ、長いこと一行を待ち続けていた沙悟浄は、喜んで仲間に加わる。そして首にかけていた9つの髑髏を繋げて船をつくり、一行は無事に川を渡ることに成功したのだ。

沙悟浄はかつて川で多くの人を食い殺しては、その骨を河の中に放り投げていた。沈んだ骨は基本的に浮かんでこないものだが、なぜか9つの髑髏だけはどうしても浮かんでくる。それを珍しく思った彼は、9つの髑髏を繋げてネックレスにしていたのである。実はこの9つの髑髏というのが三蔵法師の前世だったともされている。三蔵法師は9回うまれ変わって旅に出てはそのたびに失敗し、今回が10回目のうまれ変わりであったというのだ。

このように、『西遊記』のメンバーはそのほとんどに転生の経験がある。主役の三蔵一行だけでなく、行く手に立ちふさがる妖魔たちも、正体はもともと動物であったり、観音菩薩によってうまれ変わる等のケースが多い。古代中国の神話ではみられなかったもので、時代とともに仏教、道教などの宗教を吸収した結果、このような考えが取り入れられたものと考えられている。

Sòng Jiāng

天魁星

宋江（てんかいせいそうこう）

別名 及時雨（きゅうじう）、呼保義（こほうぎ）など

分類 歴史、創作

地位 梁山泊の首領

登場作品『水滸伝』

豪傑集団のリーダーであり慈愛の人

古い時代に封印された魔星（もしくは魔王）のうまれ変わりである108名の豪傑が湖畔の砦である梁山泊を拠点に集い、腐敗した政府を相手に大暴れをする小説『水滸伝』。中国の四大奇書のひとつでもあるこの物語は、最初は講釈師による語り物として発展した。その後、施耐庵《したいあん》（もしくは羅貫中《らかんちゅう》）によって小説としてまとめられたといわれている。

108人の英雄の筆頭であり、『水滸伝』の主人公ともいえる宋江は実在した反乱軍のリーダーで、史実では30数人の将軍を率いて政府軍数万人と戦い、10郡もの地を落として宋の朝廷を恐れさせた人物といわれている。

歴史をもとにつくられた『水滸伝』では、その兵力は史実よりも増えて108名に。いずれも豪傑揃いだが、魔星のうまれ変わりであるためか、気性の荒い人間が多い。しかし、その中でも首領となる宋江は恵みの雨を意味する「及時雨」とあだ名がつけられるほどに穏やかで仁義ある人間だ。

小さな県の役人だった宋江は義を大切にし、困っている人に支援を惜しまなかったことから、役人だけでなく悪漢にも一目置かれる存在だった。しかしある日、政府に追われる身となった友人、晁蓋［→P106］を見逃したことでとうとう自分も政府に追われる身となってしまう。追い詰められた彼は晁蓋らが集まる梁山泊に入り、晁蓋の死後には首領の座につくこととなった。

「替天行道《たいてんこうどう》」の旗を掲げた梁山泊の一味は、朝廷軍と激しく衝突する。しかし、皇帝に忠誠を誓い朝廷への帰順を願う宋江は、仲間を説得し朝廷に降伏。そのあとは命じられるがまま、北方の異民族や反乱軍を相手に戦う討伐部隊として出陣する。しかし結局は奸臣たちに裏切られ、毒を盛られて無念の最期となった。宋江の死以降、ほかのメンバーも続々と罠にかかり殺されたり、自ら命を断つなどの悲劇をもって『水滸伝』の物語は終わりを迎える。

天雄星 林冲（てんゆうせい りんちゅう）

Lín Chōng

別名 豹子頭（ひょうしとう）

分類 創作
地位 槍術使い
登場作品 『水滸伝』

生真面目な性格の悲運の槍術使い

小説『水滸伝』の中でも人気が高い林冲。もとは政府軍に属していたが、高官の養子に妻を奪われかけ、相手を殴りつけたことで罠にはめられて流罪となる。魯智深［→P94］の助けを得て牢から抜け出たが、行き場所を失った彼は梁山泊に住みつく山賊を倒し、晁蓋［→P106］を首領に据えた。のちに首領が宋江となってからも梁山泊で腕をふるい続けた。

蛇矛《だぼう》

林冲のふたつ名は「豹子頭」といい、顔は豹のようであった、と書かれている。小説『三国志演義』に登場する蜀の将軍張飛［→P154］もまた、豹のような顔とされており、林冲はこの張飛のイメージをもとにつくられたキャラクターともいえる。そのため、彼の持つ武器は張飛が持つものと同じ、蛇矛。彼はこの武器を軽々と操って、梁山泊でもナンバーワンといわれた武術で多くの敵を倒し、仲間たちと梁山泊を守り続けた。

罠に落とされた悲しみの英雄

もともとは禁軍（皇帝の衛兵）で槍術を教えていた林冲。愛妻家でもあり仕事も順調だった彼だが、ある時不運が襲いかかる。悪徳官僚で知られる高俅《こうきゅう》の養子、高衙内《こうがない》が彼の妻にちょっかいをかけたのだ。高衙内は義父の威を借りる小物だった。林冲は怒りに任せて彼を殴りつけてしまったため、謀略によって遠い滄《そう》州へ流されることになってしまう。

林冲を滄州まで送る役人はすでに高衙内の息がかかっており、「林冲が牢につくまでに殺せ」と命じられていた。そのピンチを救ったのは、道中で出会い、やがて梁山泊のメンバーとなる魯智深。無事に危機を切り抜けた林冲は、多くの人々の助けを得て滄州にたどりつき刑に服することとなった。

しかし、そんな林冲を高衙内一味は執拗に狙う。危うく焼き殺されかけた林冲は、ついに暗殺者たちを手にかけてしまった。罠に掛けられたためとはいえ、人を殺せばただでは済まない。牢から逃げ出した林冲は地元の名士でもある柴《さい》進《しん》と出会い、勧められるがまま梁山泊へ入ることを決意するのだ。

梁山泊へ入山し官軍と戦う日々へ

この頃の梁山泊は、罪を犯した豪傑を匿ってくれる山賊が支配していた。期待して梁山泊に足を運んだ林冲だが、リーダーの王倫《おうりん》を見て落胆してしまう。王倫は猜疑心が強く器の小さい男だったのだ。王倫は後日、梁山泊を頼ってきた好漢の晁蓋らさえも追い返そうとした。その態度に怒った林冲は王倫を一刀両断。梁山泊の首領は晁蓋となった。その後も宋江［→P88］、盧俊義《ろしゅんぎ》など多くの仲間を引き入れた梁山泊はやがて朝廷も恐れる一大勢力となる。

物語の中盤、108星の名が刻まれた石碑が天より降り落ちてくる事件が起きる。これにより林冲らはただの賊ではなく、魔星、魔王のうまれ変わりであると、自らの運命を悟るのである。物語の終盤、彼らは朝廷に帰順するも、悪徳官僚の罠にかけられて追われ殺され、梁山泊のメンバーは散らばり、事実上解体した。すべてが終わったあとに、皇帝は夢の中で梁山泊の面々と出会って彼らの忠誠心を知る。皇帝は彼らの廟をつくって祀り、彼らは神となった。霊験あらたかな廟として民衆からの捧げ物も絶えなかったという。

魯智深（ろちしん）

Lǔ Zhìshēn

天孤星（てんこせい）

別名 花和尚（かおしょう）、魯達（ろたつ）など

分類 創作
地位 僧侶
登場作品 『水滸伝』

全身入れ墨の巨漢僧侶

小説『水滸伝』に登場する、粗暴だが義理に篤く、弱い者には優しい豪傑。悪人を叩き殺してしまったことからお尋ね者となり、追っ手をごまかすために出家する。しかし僧侶となってもその態度は改まらず、逃亡に逃亡を重ねて梁山泊に流れつく。巨漢であり、62斤（約40kg）もあるという禅杖《ぜんじょう》を武器に軽々と扱い、官軍を圧倒したという。

禅杖

梁山泊の豪傑たちはそれぞれの武器を持つが、中でも巨大な武器といえば、魯智深が持つこの禅杖だろう。現代での単位で40kg近い武器であり、彼はこれを軽々と操った。禅杖は書いて字のごとく僧侶が座禅の際に使うものだが、魯智深はこれで大軍と渡り合った。官軍の禅杖の使い手とも渡り合うなどの活躍を見せ、敵にさえ一目置かれたという。

林冲の兄貴分であり義侠心に溢れた人物

魯智深は108星のひとつ、天孤星のうまれ変わりとされる人物。もともと役人をしていたが、酒家でとある父娘と出会い運命が大きく変わることとなった。ふたりはあくどい肉屋の主人にゆすられて泣いていたのだ。魯智深は激怒し、肉屋の主人を殺してしまう。このせいで魯智深は役人から追われる羽目になり、追っ手の目をごまかすために出家して僧侶の道へ進むことに。それでも大好物だった酒をやめることができず、何度も酒で失敗を重ねた。

その粗暴な態度で寺院を破門された魯智深だが、本人は気楽なもので、悪人を退治しながら次の寺を目指すのである。新しい寺についた魯智深は偶然、牢へ護送される途中の林冲［→P90］と出会った。護送役人が途中で林冲を殺そうとしていることに感づいた魯智深は、持ち前の義侠心から林冲を守る。しかし、このことが役人に知られ、この寺でも暮らせなくなってしまう。

いよいよ山賊に身を落とすこととなった魯智深は、二竜山《にりゅうざん》を根城としている山賊を叩き殺し、数人の仲間とともに山賊の頭となった。

宋江を頼って梁山泊に入り政府軍との戦いで活躍

魯智深が支配する二竜山は、楊志《ようし》や武松《ぶしょう》といった豪傑の仲間が加わり賑やかになっていく。しかし政府は各地に増えた山賊に手を焼き、とうとう大がかりな山賊狩りを決行。官軍が二竜山まで迫ったことで魯智深らは梁山泊と手を組んで戦い、政府の軍を追い払うことに成功した。これをきっかけとして彼らは梁山泊に入り、宋江［→P88］のもとで腕を振るうこととなる。その後も魯智深は数々の戦いに参戦し、宋江が朝廷への帰順を決めた時には異を唱えつつも従っている。特に最後の戦いでは大物の敵を捕えるなどの活躍をみせた。

豪傑として名を馳せた魯智深だったが、その最期は静謐なものだった。かつてとある高僧が彼に「夏に逢って擒にし、臘に遭って執う。潮を聴いて円し、信を見て寂す」という言葉を与えた。それまで「夏侯成《かこうせい》」と「方臘《ほうろう》」を虜にしており、残りの2句の意味がここで死ぬことを表すと悟った魯智深は、静かに座ったまま死んだとされる。ほかの豪傑たちが戦死や自害を遂げる中、魯智深だけはどこか神話的な死であった。

天巧星 燕青（てんこうせい えんせい）

Yàn Qīng

別名 浪子（ろうし）

分類 創作
地位 豪傑
登場作品 『水滸伝』

ひとりの主に仕え続けた忠義者の豪傑

小説『水滸伝』の主人公たちは皆、それぞれ魔星のうまれ変わりとされているが、その星には「天罡星《てんこうせい》」と「地煞星《ちさつせい》」というふたつの序列がある。より位が高いとされる「天罡星」の末席にあたるのが、この燕青である。

壮年や中年の登場人物が多い中、この燕青は登場時、まだ20代前半という若さ。色が白く細身で美少年と思われる描写がされ、さらに全身には華やかな入れ墨という出で立ち。弓や刀を巧みに操るだけでなく、相撲や音楽にも精通、さらに性格は冷静そのもの。凶暴な豪傑さえ、彼の手にかかれば大人しくなるなど、粗暴な人間が多い梁山泊メンバーの中でも異色の人物といえる。

もともとは孤児だった燕青がなぜそこまでの技術を身につけたかといえば、資産家の盧俊義に拾われ、側仕えとして育てられたためである。主に恩義を感じた彼は、誠心誠意仕え続けた。しかし盧俊義はお人好しなところがあり、番頭に騙されて店も資産も奪われ、さらに虚偽の通報によって役人に捕えられ流罪となってしまう。そのことを知った燕青は密かにあとをつけて主を救い出した。しかし盧俊義は再びさらわれ、手も足も出ない燕青は梁山泊を頼ることに。こうして盧俊義は梁山泊メンバーによって救われ、そのまま燕青とともに梁山泊入りするに至った。燕青のふたつ名はドラ息子や優男を意味する「浪子」だが、メンバーの中でも5本の指にも入る忠義者であった。

すべての戦いが終わったあと、盧俊義は朝廷の罠とも知らず意気揚々と凱旋をしようとする。燕青は隠居を勧めるが盧俊義は取り合わず、ふたりは決別。どこへ行くのかと尋ねる盧俊義を置いて燕青はひとり姿を消す。その翌日、燕青の予想どおり、盧俊義は罠にかかって殺されることとなった。

そのまま燕青は姿をくらましたとされているが、清の時代に書かれた小説『水滸後伝』では、仲間たちと戦う後日譚が描かれている。

潘金蓮（はんきんれん）

Pan Jinlian

分類 創作
地位 毒婦、悪女
登場作品 『水滸伝』『金瓶梅』

四大奇書の2冊に登場する悪女

小説『水滸伝』の一節に登場する蠱惑的な美女である。108星のひとり武松の兄嫁で、金持ちの男と不倫をしたあげく夫を毒殺。それを知った武松に殺されるという短い登場シーンだったが、のちに彼女が生き残ったらという設定の小説『金瓶梅』がつくられた。そちらでは不倫相手の第五婦人となり、痴態を繰り広げる物語が描かれている。

纏足《てんそく》
潘金蓮の「金蓮」とは纏足のことを指す。当時の中国では、女性の足を無理やり折りたたんで小さくする纏足が流行していた。女性は子どもの頃から足を布で無理やり押さえつけて、より小さくすることを求められた。もちろんそんな足ではまともに歩くこともできないが、それが色っぽく女性らしいとされたのだ。潘金蓮も纏足姿であり、名前からして艶めかしい雰囲気を感じさせることに成功している。

2019

『水滸伝』の世界では、すぐに退場する悪女

豪傑たちによる物語が描かれる『水滸伝』。女性も登場するものの、大半が悪女として描かれている。中でも名うての悪女といえば、やはりこの潘金蓮。彼女は豪傑のひとりである天傷星《てんしょうせい》・武松の兄、武大《ぶだい》の嫁だった。しかし武大は県内一の醜男で仕事も冴えない。潘金蓮は男前な義弟、武松に色目を使うが、生真面目な武松はそれを拒否。続いて彼女は偶然通りすがった薬屋、西門慶《せいもんけい》と恋に落ちる。不倫を夫に嗅ぎつけられた潘金蓮は、とうとう武大を毒殺してしまった。武松はこの事実に気づくと、葬儀の場で潘金蓮と西門慶をそろって殺し、兄の仇を討つのである。

武松はこのあと殺人の罪から逃れるために梁山泊に入り魯智深［→P94］らと出会うなど、物語は潘金蓮について触れられることなく進んでいくのだが、彼女は再び別の物語に登場することとなる。

当時の風俗を赤裸々に描き出した『金瓶梅』

潘金蓮が主人公として登場するのは明代につくられた『水滸伝』のスピンオフ小説『金瓶梅』だ。これは『水滸伝』と並んで四大奇書のひとつとされる。『水滸伝』では武大の死後、不倫相手の西門慶とともに殺されるが、『金瓶梅』では武松が殺害に失敗。潘金蓮は生き延びて西門慶の第五婦人に収まるのだ。そこから先に描かれるのは、西門慶の複数の妻たちや愛人とのいざこざの数々。非常に赤裸々なストーリー展開で、中国では一時期禁書とされたこともある。退廃的な内容だが当時の食事や風俗、『水滸伝』や『三国志演義』では描かれなかった一般市民の生活が詳細に描かれているのも特徴だ。

物語の最後、潘金蓮の夫である西門慶は彼女に媚薬を盛られたことで死亡。潘金蓮も戻ってきた武松に見つかり、今度こそ殺されてしまう。しかしラストでは彼女らを含め死んだはずの登場人物が別の人物に転生するシーンが描かれるなど、現実の物語の中に不可思議なエピソードが含まれるところは、妖術が登場する『水滸伝』と酷似する。潘金蓮はこうして中国の四大奇書のうち、『水滸伝』と『金瓶梅』という2冊に登場。架空の人物ながら魅力的な「悪女」としてその名を轟かせている。

羅真人（らしんじん）

Luó Zhēnrén

分類 創作
地位 道士
登場作品 『水滸伝』

宋江の未来を予言した大道士

二仙山と呼ばれる秘境に暮らす道士。梁山泊メンバーのひとりである天間《てんかん》星《せい》・公孫勝《こうそんしょう》の師匠だが、強大な力をもつ道士であること以外、過去などについては一切不明の人物だ。

羅真人は長い間外界との交流を断ち、弟子の公孫勝とともに山の中で自給自足の生活を送っていた。しかし公孫勝はやがて晁蓋［→P106］らと手を組み、梁山泊に参戦。山を離れていく。外界との接触を嫌がる羅真人は、公孫勝が顔を見せに帰郷した際、再び梁山泊に戻ることを禁止してしまった。

一方その頃、梁山泊では敵の妖術使いとの戦いに苦戦していた。公孫勝の道術がなければ勝てないと踏んだ宋江〔→P88〕は、公孫勝が住む二仙山に仲間を派遣し公孫勝の帰陣を促す。しかしこの時、派遣された李逵《りき》は物語一の暴れ者。羅真人が弟子を放さないと知った李逵は、羅真人の寝込みを襲い斧で叩き切ってしまった。

しかし翌朝、羅真人は平然と現れ、公孫勝の旅立ちを渋々許すのである。その際、いたずらをした李逵には道術で痛いお仕置きを与えるなど、羅真人が登場する回は摩訶不思議な技が登場し、読者を楽しませてくれる。

朝廷に帰順したのち、宋江は公孫勝を連れて二仙山へと足を運んでいる。この時、羅真人は宋江に「将来、身を引かなければ破滅する」と不気味な予言を与え、また公孫勝を山に戻すよう願った。のちに公孫勝は約束どおりに山へと戻ってきたが、梁山泊のメンバーは宋江を含め、朝廷に裏切られ続々死んでいく。特に宋江は引き際を誤って殺される羽目となった。羅真人の目にはすべてがお見通しだったのだ。

すべての戦いが終わったあと、羅真人は梁山泊の道士であった朱武《しゅぶ》と樊瑞《はんずい》らを弟子に取り、また静かに外界との繋がりを断ったのである。

晁蓋（ちょうがい）

Cháo Gài

別名　托塔天王（たくとうてんのう）、鉄天王（てってんのう）、晁天王（ちょうてんのう）など

分類　創作
地位　梁山泊の首領
登場作品　『水滸伝』

梁山泊の頭首である豪傑のひとり

小説『水滸伝』の影の主人公ともいえるのがこの晁蓋だ。もともとは東渓村の名家の主だが、若い頃から非常に腕っぷしが強く、困った人がいれば手を貸すなど人情家な性格の人物だった。晁蓋の豪傑さを感じさせるエピソードがひとつある。まだ彼が若い頃、隣村に妖怪を封じる巨大な宝塔が立てられたせいで、彼の住む村に妖怪が溢れるようになった。それに怒った晁蓋はたったひとりで宝塔を担ぎ、自分の村に運んでしまう。このことから晁蓋は托塔天王（鉄天王とも）と呼ばれるようになったという。

そんな晁蓋はある日、ならずものの劉唐《りゅうとう》に出会った。劉唐は晁蓋に「高官

の誕生祝いに莫大な財宝（生辰綱《せいしんこう》）が贈られるので、その道中を襲い奪ってしまおう」という計画を持ちかけた。賄賂が横行していることに怒りを感じていた晁蓋は仲間を集めてまんまと財宝を横取りしてしまうのである。

このとき、仲間に引き入れたのは天機星《てんきせい》で軍師の呉用《ごよう》、阮《げん》三兄弟（阮小二《しょうじ》、阮小五《しょうご》、阮小七《しょうしち》）、そして天間星《てんかんせい》の道術使い公孫勝《こうそんしょう》、地耗星《ちこうせい》の白勝《はくしょう》といった面々。いうまでもなく彼らは魔星のうまれ変わりのメンバーである。財宝は無事に奪えたものの、役人に目をつけられた晁蓋らは家を捨てて梁山泊を目指す。その頃の梁山泊のリーダーは王倫。心の狭い王倫は、晁蓋ほどの人物が梁山泊に入れば自分の立場が危ういと感じ受け入れを拒否。これに怒った林冲 ［↓P88］によって王倫は殺され、晁蓋らは無事に梁山泊に入るのである。梁山泊では請われて首領となった晁蓋。しかしこのあとあっさりと矢で射られて死んでしまい、首領の座は宋江へと受け継がれる。

これほどの活躍を見せながら、実は晁蓋は108星のうまれ変わりには数えられない。しかし後日、彼の位牌は108星を刻んだ石碑の上に飾られ、豪傑たちの守護神となった。

Tàigōngwàng

太公望（たいこうぼう）

別名 姜子牙（きょうしが）、呂尚（りょしょう）、斉太公（さいたいこう）など

分類 歴史、創作など

地位 周の軍師、斉の始祖、崑崙山の道士

登場作品 『封神演義』『史記』『水滸伝』など

王者交代を導く老軍師

紀元前11世紀建国とされる周の文王と武王［→P138］に仕えた伝説的な軍師。遅咲きタイプで、文王と出会った時すでに高齢だったという。蓄えた知識と知恵を武器に、周の建国を助け、その伝説は明代成立の小説『封神演義』で想像力豊かに描かれた。王の交代を促すべく地上へ遣わされ、神秘的な力をもつ老道士。そんな太公望像を決定づけた。

覆水盆に返らず

「覆水盆に返らず」の故事成語は太公望が由来という説がある。太公望が周に仕える前に妻とした女性は、風采のあがらない彼のもとを出て行くが、太公望が周の軍師になると復縁を迫ってきた。しかし、太公望は、お椀（盆）の水を床にこぼし、「この水を再び椀に戻すことは不可能だ」と諭した。この故事から、一度別れたらもうもとどおりにはなれないという意味のことわざになったという。

王との出会いの時、名軍師は釣りの最中だった

殷王朝の最後の王である紂王［↓P112］は、恐怖政治を敷いたとされる。苦しむ人民を救うため、姫昌《きしょう》（のちの周の文王）は打倒殷をかかげ、それを成し遂げるのに必要な、優秀な軍師を求めた。そして、太公望と出会う。

姫昌は夢の中で、賢人にめぐり会うと太公（文王の先祖の敬称）に予言されていた。ある日、黄河の支流のひとつ渭水《いすい》で釣りをしていた翁と出会うと、この老人こそその人に違いないと「あなたこそ太公が待ち望んだ人ですね」と話しかけた。老人の名は姜子牙。この逸話から、太公望の名で知られるようになった。日本で釣り人のことを太公望と表現するのもこれが由来だ。

上司を励ましつつ敵には手段もいとわず

歴史書に描かれた太公望の文王と出会うまでの半生は、特筆すべきこともなかったようだ。だが、老いた軍師の太公望が殷を倒した歴史は、後世の作家を刺激したのではないか。伝説を膨らませて、明の時代に神怪小説『封神演義』

が誕生した。日本では、藤崎竜のファンタジー漫画『封神演義』が大ヒット。主人公の太公望は大胆不敵で、原典の智将ぶりが投影されていると思われる。

小説『封神演義』での太公望は、仙界にある崑崙山で40年の修行を積んだ道士。師匠の元始天尊［→P62］に、殷の暴君を倒せと命じられ地上に下る。72歳の太公望は68歳の馬氏を嫁にしたが、世渡り下手で嫁からもいびられる。しかし、窮地を助けた青年の武吉により、姫昌との出会いがもたらされると、本領を発揮していく。たとえば、「免戦牌《めんせんはい》」の使い方がおもしろい。免戦牌は戦闘禁止の札。流れが悪いと見るや、太公望はこの免戦牌を掲げては下ろす。スポーツの試合で、タイムや選手交代を駆使する監督のような、敵から見ると嫌なタイプの指揮官だ。太公望は味方の士気をあげることにも長けていた。志半ばで死んだ文王のあとを継いだ武王が「私なんて殷の一武将だし、王朝打倒なんて……」と気弱発言をするたび、「天命はこちらにありますから！」と励ました。太公望自らも四不像《しふぞう》という霊獣に乗って戦場を駆けた。

周軍がついに紂王を倒すと、太公望は戦争の犠牲者のうち「封神榜《ほうしんぼう》」に名前がある者を神に封じる（任命する）使命を果たし、物語は幕を閉じる。

紂王（ちゅうおう）

Zhòuwáng

別名 帝辛（ていしん）、寿王（じゅおう）など

分類 歴史、創作
地位 殷の最後の王
登場作品 『史記』『封神演義』

残虐の限りを尽くして見限られた愚かな君主

紂王は先の王である帝乙《ていいつ》の三男で、名は帝辛という。ある日、帝乙の上に宮殿の梁が落ち、あわやというところを帝辛が怪力で梁を支え、父を救った。この事件が、王位継承順位の低い三男を即位の道へ導いた。

紂王は背が高く、容貌に優れ、武術も学問も文句なしだが、性格は傲慢だった。臣下を見下し、気にくわなければ処刑する。奴隷や囚人は、残酷な刑に処す。炭火の上に並べた熱い銅柱の上を裸足で渡らせる「炮烙《ほうらく》」という刑が有名だ。足が滑って銅柱の上に落ちると、銅柱を抱えるようにして焼け死ぬ恐ろしい刑だった。悪趣味な遊びにも興じた。「酒池肉林」という故事成語は、池に

酒を注ぎ木からは肉を吊るし、裸の男女の戯れを眺めるという、紂王開催の享楽的な宴が由来だ。殷の都である朝歌《ちょうか》（現在の河南省淇県）には、豪華な鹿台が築かれた。現在も同地には鹿台跡と伝わる摘星台という遺跡がある。

こうした非道さが事実かどうかは、今ではわからない。紂王の暴君のイメージは小説『封神演義』でも踏襲され、悪のボスとして描かれることとなった。だが、裏で糸を引いたのは紂王妃の妲己《だっき》だ。妲己の正体は千年狐狸精（九尾狐）［↓P206］で、紂王が半蛇半人の女神、女禍［↓P40］の神殿に「いい女だ、自分のものにしたい」と落書きしたため、怒った女媧が紂王のもとに送り込んだのだ。だが、妲己は血を見るのが大好きな悪妖。その美貌で紂王をたぶらかして残虐な刑罰を提案し、周の文王の長男、伯邑考《はくゆうこう》も処刑させる。これが因縁となり、文王は紂王討伐へと動き出すのだ。

紂王率いる殷軍には魔家四将などの強力な武将も数多かったが、太公望［↓P108］を擁する周軍に押され、ついに朝歌を攻められる。太公望は、紂王の悪事の数々を並べあげ、その時もはや紂王を守ろうとする武将はいなかった。最期を悟った紂王は、火のついた楼閣にのぼりこの世に別れを告げた。

哪吒（なた）

Nézhā

別名 アチュタ（不死のもの）、アナンタ（無限のもの）

分類 仏教説話、仙話、創作など

神格 神仙、道士、蓮の花の化身

登場作品 『西遊記』『封神演義』など

周王朝に味方する無敵の少年神

小説『封神演義』や『西遊記』で無類の強さを発揮する、少年の姿の神。インド神話の神ナラクーバラが、仏教や道教に取り入れられて哪吒へ発展したと考えられている。高速で空を飛ぶ風火輪《ふうかりん》や火を放つ武器、火尖鎗《かせんそう》など、たくさんの宝貝《パオペエ》を持つ。それらを駆使して敵将を次々と倒す姿の痛快さは、中国国民からひときわ愛されている。

風火輪

火と風を起こし、その力で走る輪。両足の下に小さな車輪のように描かれる。空を飛ぶこともできる。

火尖鎗

炎を出す槍。師匠の太乙真人《たいいつしんじん》から譲渡された。

乾坤圏《けんこんけん》

リング状の武器で、敵に投げればたちまち傷つける。

混天綾《こんてんりょう》

水を振動させたり、敵の動きを封じたりできる腰布。

2度うまれ直し最終形態は「三頭八臂」

哪吒のルーツは仏法の守護神である毘沙門天（インドの富の神クヴェーラ）の子とされる。『封神演義』では、毘沙門天と同定される李靖《りせい》将軍（托塔李天《たくとうりてん》王《のう》）の子、李哪吒として登場。李靖の妻である殷氏が3年6カ月身ごもった末に、乾元山《かんげんざん》の仙人の太乙真人から霊珠子という宝物を与えられてうまれた。誕生の時に乾坤圏と混天綾の宝貝をすでに身につけていた哪吒は、しかし、その力を持て余す。東海龍王［→P196］を怒らせるなどやんちゃが度を越し、父母に迷惑をかけまいと哪吒は自らの腹を割いて死んだ。軍師の太公望［→P108］を助ける戦士として哪吒を育てたかった太乙は、哪吒復活のために行宮を母親につくらせるのだが、父が哪吒の復活に反対し行宮を破壊してしまう。これが因縁で、哪吒と父はのちのちまで不仲になった。さて、太乙は哪吒の魂魄を蓮の花に吹き込み、蓮の花の化身として蘇らせた。その上、風火輪などの宝貝を授け、哪吒を天下無双の戦闘神へと仕立てあげた。力の使い道を与えられた哪吒は地上に下り、懸命に戦った。

無敵かと思われた哪吒だが、1度、瀕死の重症を負う。殷の要所である汜水《しすい》関《かん》を守る将軍、余化《よか》の繰り出す化血神刀《けつしんとう》に斬られた時だ。化血神刀は強力な毒を含んだ刀で、普通の人間なら即死のところ。太乙は哪吒に3つの棗《なつめ》を食べさせる。すると、哪吒に2つの頭、6本の腕が生えてきた。こうして三頭八臂の変化術を習得。それぞれの手に乾坤圏、混天綾、2本の火尖鎗を持ってもまだ余る。そこで太乙は九 龍《きゅうりゅう》神火罩《しんかとう》と陰陽剣《いんようけん》を授けた。合計8つの武器を持った哪吒が地上へ戻ると、あまりの強さに味方は歓喜したという。

ドラマや映画の哪吒役は子役の登竜門に!?

『封神演義』は大衆エンターテインメントとして今も楽しまれている。実写作品での哪吒役といえば、子役かまたは若手俳優が演じるのがお決まり。蓮の花の化身というイメージからか、美少女が扮したこともある。哪吒役からスターへ成長していくのは、中国俳優の王道ルートなのだ。マカオには世界遺産にも登録されているナーチャ廟（哪吒廟）があり、人民の哪吒信仰の篤さがうかがえる。一介の神怪小説の登場人物の枠を飛び出した神童の人気は凄まじい。

楊戩（ようせん）

Yáng Jiǎn

別名 顕聖二郎真君（けいせいじろうしんくん）、灌口二郎（かんこうじろう）など

分類 創作
神格 神仙、道士
登場作品 『西遊記』『封神演義』

変身術で敵を翻弄！　周が誇る最強の策士

楊戩は中国で広く知られる道教の水神、二郎真君に比定される、小説『封神演義』の登場人物だ。二郎真君と同一視できる根拠は、姿の描写がほぼ同じことにある。額に第三の眼がある美丈夫で、手には三叉の刀「三尖刀《さんせんとう》」を持ち、傍らには忠犬「哮天犬《こうてんけん》」が随伴。これらの楊戩の特徴が二郎真君の特徴そのものなのだ。一方、楊戩は小説『水滸伝』にも登場する悪の宦官の名前でもある。なぜ道教の神である人物にそんな名前がつけられたのかはわかっていない。

楊戩は、『封神演義』で主役格の活躍をみせる。初登場は太公望［↓P108］が魔家《まけ》四将に苦戦していた時。楊戩はわざと敵が放つ魔獣の花弧貂《かこちょう》に食べら

れると、腹の中で敵の作戦を盗み聞きして太公望に情報をもたらし、勝利を呼び寄せた。戦わせて強いばかりではなく、食料や薬を調達する役割もこなした。哪吒［↓P114］すらも傷つけた化血神刀の毒は、自らの体に毒を取り込み成分分析。しかし、解毒法がわからず、結局は化血神刀をつくった人物のもとへ行き、解毒の丹薬をだまし取った。道士の土行孫《どこうそん》との戦いでは、武王［↓P138］の妃に変身し、色仕掛けで見事土行孫を補えるが、剣を抜いている隙に逃げられてしまう。策士なのだがときどき天然なのが愛嬌のあるところだ。楊戩の師匠は十二仙のひとり玉鼎《ぎょくてい》真人で、師匠をも上まわる術士と称される。身につけた変身術は72。相棒の哮天犬も、強敵である趙公明《ちょうこうめい》の首を噛むなど頼もしい戦いぶり。こうした楊戩の抜群の強さは、二郎真君として登場する小説『西遊記』などほかの創作物にも共通している。二郎真君のルーツは、四川省で治水を指導した李冰《りひょう》と息子の李二郎や、龍退治伝説の残る隋の道士、趙昱《ちょういく》ほか、民間で祀られた複数の人物にたどりつく。四川省にある都江堰《とこうえん》は、二郎真君を祀った美麗な道教寺院「二王廟」を残す世界遺産だ。二郎真君が鎮座する建物の入り口には哮天犬の銅像も置かれている。

木蘭（もくらん）

Mùlán

別名 ムーラン、花木蘭（かもくらん）など

分類 民間伝承など
地位 男装の少女兵士
登場作品 『木蘭詩』『隋唐演義』『木蘭従軍』など

男装の裏に美貌を隠した女性戦士

年老いた父の代わりに兵士になった、男装の美女。長年にわたる戦争を男性として戦い抜き、功績を挙げた。中国で古くから語り継がれてきた伝承の詩『木蘭詩』に描かれた伝説上の人物で、同詩は中国の教科書に掲載されるほか、京劇の演目やアメリカのアニメ映画にもなってきた。家族の待つ故郷を思いながら戦った、親孝行で勇敢な女性だ。

『隋唐演義《ずいとうえんぎ》』

清の時代に成立したとされる小説『隋唐演義』。隋の文帝（煬帝の父）から唐の玄宗[→P172]までの時代を、民間伝承などをもとに紡いだ長編歴史小説だ。この中に木蘭の物語も描かれている。日本では小説『銀河英雄伝説』シリーズなどで知られる田中芳樹の翻訳版が出版されている。田中は木蘭のエピソードを脚色した『風よ、万里を翔けよ』でも木蘭の勇ましい冒険を描いている。

腰を抜かすほど完璧だった!?　木蘭の男装

　木蘭伝説の原典とされるのが、古い口承文芸である「楽符《がふ》」の『木蘭詩』。この詩の成立は5～6世紀頃の南北朝時代といわれている。詩の中で木蘭は、年老いた父に徴兵令が下ったことを憂う。だが、父に代わって男性として従軍することをすぐに決意。駿馬を買い、山を越えて戦場へ行った。それから10年ほどたち、木蘭は功績抜群で12階級特進、たっぷり褒美ももらった。皇帝がほかに希望はないかと尋ねると「ただ千里の馬を駆って故郷に帰りたい」という。その願いどおり、木蘭は故郷へ凱旋した。軍服を脱いで昔の服に着替え、その姿で戦友の前に立つ。戦友たちは「まさか君が女性だとは！」と、腰を抜かすほど驚いたというオチで詩は終わる。

　男装の女戦士という題材が民衆に受けたのか『木蘭詩』はいくつも別バージョンがつくられ、語り継がれていくこととなった。

女性が演じるバトルシーンも人気の大衆作品へ

もとの詩では木蘭のその後は描かれていないが、のちにつくられた小説版でとんでもないバッドエンドが付加された。清の時代の成立とされる小説『隋唐演義』でのことだ。木蘭は男装して戦いに行った先で、敵の王の娘と友情を築くが、唐の出現で戦乱が治まると、褒美とともに故郷に帰る。だが、故郷で異民族の突厥の王に後宮入りを強要される。それを拒んだ木蘭は、すでに亡き父の墓前で自殺する。これは、もとの詩への脚色が過ぎるといえよう。

中国の人々に浸透しているのは、もとの詩に近い創作物だ。たとえば、京劇の演目『木蘭従軍』もそのひとつ。北魏の時代を舞台に木蘭が異民族（作品により突厥や柔然など北方系騎馬民族）の侵攻を迎え撃つ設定になっている。軍の元帥である賀廷玉《がていぎょく》が、皇帝の命で褒美の財宝を木蘭の故郷に届けに行き、木蘭の本当の姿を見て驚くというものだ。その後、賀廷玉と結ばれるという改編作品も存在する。２００9年に中国で公開されたヴィッキー・チャオ主演の実写映画や、アメリカのアニメ映画『ムーラン』も、美少年と評判になりつつ戦友と惹かれ合うという味つけになった。女性が演じるバトルシーンの華やかさや恋愛展開も見どころ。こちらの方が人気を博すのもうなずける。

干将（かんしょう）莫耶（ばくや）

Mò yé / Gānjiàng

別名 莫邪など

分類 民間伝承
地位 刀鍛冶、雌雄一対の剣
登場作品 『捜神記』『呉越春秋』など

日本でもよく知られた雌雄一対の名剣の由来

アニメやゲームでも見かける、干将と莫耶という剣は、同名の刀鍛冶夫婦が制作した。剣は雌雄一対で、陰陽説では陽（雄）が干将、陰（雌）が莫耶。複数の由来話があるが、なぜか莫耶の方だけ王に献上されダークな結末がつく。

ひとつは後漢の歴史書『呉越春秋《ごえつしゅんじゅう》』に記載がある。鍛冶の干将は呉王の闔《こう》閭《りょ》の依頼で剣を精錬しはじめるが、鉄の精髄が溶けなかった。かつて鉄鉱炉に身を投げて鉄を溶かした夫婦の話を聞き、妻は自分の髪と爪を投入。子ども300人にふいごを吹かせると鉄が溶け剣が完成。双剣のうち莫耶を呉王に献上したが、呉を訪れた魯の使者は莫耶に刃こぼれを発見し、呉の滅亡を予言した。

次に、東晋の志怪小説集『捜神記』の由来話も紹介する。この話では、剣の依頼主は楚王。干将は剣をつくるのに3年もかかり、しかも莫邪（莫耶）しか献上しなかったため楚王の怒りをかい、処刑されてしまった。その後、妻の莫邪は赤《せき》という男子をうんだ。赤は成長し隠されていた雄剣、干将を見つける。楚王は赤を賞金首にし、赤は逃亡。そんな中、旅人から仇討ちを持ちかけられる。赤は旅人に言われるがまま自らの首をはね、旅人に剣とともに差し出した。

旅人が赤の頭を献じると楚王はたいそう喜んだ。「これは勇者の首。鍋で煮崩した方がよろしいかと」と旅人は言い、そのとおりに鍋で煮た。だが、3日3晩煮ても頭は煮崩れない。旅人が「王が近くで睨み返せば、きっと煮崩れます」と言うので、王は鍋に近づく。その瞬間、旅人は干将で王の首をはね、自らの首もまたはね、ふたつの頭が鍋に落ちた。3つの頭は溶けて混ざり合い、どれが誰かわからなくなったため、3つとも埋葬したという。

いずれの話も、夫婦を引き離すのを忌むかのようだ。小説『封神演義』ではやはり莫耶しか使われないが、日本のアニメ『Fate/stay night』では揃って登場し、威力のほどをみせている。

白娘子（はくじょうし）

Báiniángzǐ

別名 白娘々（ぱいにゃんにゃん）、白素貞（はくそてい）

分類 民間伝承など
神格 白蛇の精
登場作品 『白蛇伝』『白娘子永鎮雷峰塔』など

妊娠中なのに奮戦した白蛇の美女

人間と恋に落ちた白蛇の精の運命を描く『白蛇伝』は、民話をもとにつくられた京劇が名作として知られる。白娘子は同作中の白蛇の精の名前だ。

京劇をはじめ近年の『白蛇伝』の大筋は次のとおり。白娘子は、人間の青年、許仙《きょせん》に命を助けられて恋に落ち、「白素貞」と名乗り人間として結婚する。白蛇のお供をする青蛇の小青も一緒に暮らしはじめるが、高い法力をもつ金山寺の法海《ほうかい》和尚が白娘子の正体に気づく。異類婚が許せない法海は策略をめぐらし、白娘子の本当の姿を許に見せる。驚いた許は瀕死状態になる。

許を助けようと、白娘子は妊娠中の体で崑崙山にのぼり霊芝《れいし》を持ち帰る。おかげで許は無事に蘇るが、またも法海の妨害が。許を金山寺に閉じ込めたのだ。白娘子は集めた水族の仲間と金山寺を水攻めにするが、妊娠中のため途中で力尽きて敗走する。この場面は「水漫金山寺」と呼ばれ、京劇の見せ場である。

許は思い直して白娘子を追い、ふたりは愛を確認し合う。やがて、白娘子は子どもをうむ。だが、産後の白娘子を法海が捕らえ、雷峰塔《らいほうとう》に封じる。怒れる小青は十数年修行してパワーアップ。塔を破壊して白娘子を救出する。

このあらすじの確立は、比較的近代といわれている。もとの民話や清の時代以前の古い『白蛇伝』では白娘子は邪悪な妖女として描かれ、白蛇の妖怪が美しい女に化けて人間にとりつき、最後は高僧に封じられる。このストーリーは日本に伝わり、上田秋成の「蛇性の淫」（江戸時代の読本『雨月物語』収録）に影響を与えた。しかし、この妖怪話は、いつしか助けた白蛇からの恩返しや異類の純愛ものへと変化したのである。

中国では2019年にドラマ『新白娘子伝奇（The Legend of White Snake）』が放映されるほど、今なお愛され続けている。日本では1958年、初の長編カラーアニメ映画『白蛇伝』が公開され、許と白蛇の純愛を描いた。

牛郎（ぎゅうろう）織女（しょくじょ）

Zhīnǚ ／ Niúláng

別名 牽牛（けんぎゅう）

分類 伝説、民間伝承など
神格 牛飼いと女仙
登場作品 『荊楚歳時記』『詩経』『天河配』など

天帝と西王母に引き裂かれた、天女と人間の恋

7月7日の七夕に、天の川に隔てられた織姫と彦星は、1年に1回再会できる。この伝説は中国の牛郎と織女の伝説「牛郎織女」が原型といわれる。「牛郎織女」の最古の文献が何であるかには諸説ある。3世紀頃の晋の時代に成立したとされる『荊楚歳時記《けいそさいじき》』には、7月7日という日にちと、牽牛（牛郎のこと）と織女との逢瀬の記載がある。中国最古の詩篇『詩経』には、牽牛星、つまりわし座の恒星アルタイルと、織女星であること座の恒星ベガへの言及がある。『詩経』が紀元前に起源をたどれることを思うと、この伝説の発祥がいかに古いかを見て取れるだろう。古代中国は天文学や暦の研究も盛んで、1年

のうち夏の時期に、このふたつの星と天の川がくっきり見えやすくなることは、おそらく知られていたのではないかと考えられている。そこにこのような物語を重ね合わせたとすれば、想像力の豊かさは現代人以上だ。

京劇『天河配《てんかはい》』は、歴代の民話や小説などをもとに、「牛郎織女」の物語を次のように集積した。最高位の女仙、西王母〔↓P56〕の娘（天帝の孫とも）である織女は、地上の川で水浴びをしていて、牛飼いの牛郎に衣を取られ求婚される。織女は困惑するものの、牛郎は働き者の牛飼い。そこを見込んで結婚を決意。ふたりの間には子どももうまれ幸せに包まれた。しかし、天へ帰るように天帝から声がかかり、織女は泣く泣く天へのぼる。そうはさせまいと牛郎は織女を追いかけ、織女を掴みかけた。そこへ西王母がかんざしをひと振り、ふたりの間に天の川を走らせ引き裂いてしまったが、年に1度、7月7日にだけ逢うことを許された。その日にはカササギが橋をかけてくれるという。

この物語の骨格は、天女と人間の悲恋物語である日本の説話「羽衣伝説」や昔話の「天人女房」との類似性が指摘されている。ヨーロッパでは女神が白鳥の羽衣を身にまとうことから「白鳥処女伝説」とも命名されている。

天竺への旅を続ける三蔵法師、孫悟空、沙悟浄、猪八戒の一行
（明時代『李卓吾先生批評 西遊記』より）

4章 歴史編

始皇帝（しこうてい）

Shǐ Huángdì

別名　秦始皇帝（しんしこうてい）、秦始皇（しんしこう）、嬴政（えいせい）など

分類 歴史など
時代 秦時代
地位 秦の皇帝
登場作品 『史記』など

中国統一を成し遂げた史上初の皇帝

中国史上最大の権力を手にしたのが、秦王の政、のちの始皇帝である。春秋時代に韓、燕、趙、魏、楚、斉を滅ぼし、中国全土の統一を実現。自らを「皇帝」と称し、中央集権国家としての体制を整えた。同時に、万里の長城や阿房宮《あぼうきゅう》などの大規模工事にも着手。晩年、不老不死の仙薬を求めたものの願いは叶わず、49歳にして生涯を閉じた。

不老不死

道教で語り継がれてきた仙話は、その多くが「長生不死」をテーマとしている。死の超越は永遠のテーマであり、人間が修行によって天に昇り、死ぬことのない仙人になれるという思想は、庶民の間で大人気となった。中でも、海の向こうには仙人の住む国があり、不死となれる薬が存在するという伝承がよく信じられ、始皇帝をはじめ、多くの帝王が人を海へ送り出し、仙山や不死の霊薬を探させた。

人質の息子から中国全土を治める皇帝へ

史上はじめて中国を統一した男、それが秦の始皇帝である。姓は嬴、諱《いみな》は政といい、名君の誉れ高い秦の昭襄《しょうじょう》王の血を引く歴とした公子でありながらも、その生い立ちは謎めいたものであった。政の父である子楚《しそ》（荘襄《そうじょう》王）は、趙に人質に出されて貧困に喘ぐ不遇の公子だったが、大商人の呂不韋《りょふい》が大金を投じてあと押ししたおかげで、時の寵妃だった華陽《かよう》夫人の養子となる。やがて子楚が王位につくと、呂不韋は宰相となった。

この子楚と趙姫《ちょうき》の子が政だ（母の趙姫はもともと呂不韋の寵妃であったことから、本当は呂不韋の子であるとする説もある）。政もまた呂不韋のあと押しで王となったが、その権力を恐れ呂不韋を排斥。自身の手で天下統一への道を進みはじめる。各地の王侯を次々と下し、紀元前221年、秦王政は39歳でついに天下統一を成し遂げた。彼は「自分こそ三皇五帝をも超越する新たな存在である」との意を込めて、「皇帝」という新しい称号を編み出した。皇帝という言葉は、このときはじめて誕生したのだ。

不老不死を求めて仙術にのめり込むが……

中国全土を統一した始皇帝は、文字、度量衡を統一するなど、次々と新たな政策を打ち出し、中央集権国家としての盤石な体制を築きあげていった。同時に万里の長城の整備や、宮殿「阿房宮」、兵馬俑で著名な自らの陵墓の造営にも着手。また、彼は古い考えを嫌い、古代の本を焼き捨てる「焚書」を行った。これにより失われた古代の神話も多いと思われる。

始皇帝は次第に不老不死を求め、仙人を目指すようになった。皇帝という唯一無二の立場を失うことを恐れたのだ。方士を呼んでは怪しい薬を購入したり、海の向こうに仙人の国「蓬莱《ほうらい》」があると聞けば大金を与えて船をつくらせたり、果ては水銀を飲むことさえしたという。当然、そのようなやり方では仙人になれず、人間のままこの世を去るが、その陵墓には水銀の川が流れるなど、死してなお仙界への執着をみせていたという。

晩年の始皇帝は、自らを「真人」と名乗って人前に極力姿を見せなかった。このことで、取り次ぎを行う宦官が力をもち、帝国の崩壊が早まることとなる。

荊軻（けいか）

Jīng Kē

分類 歴史など
時代 秦時代
地位 燕の刺客
登場作品『史記』

始皇帝暗殺にあと一歩まで迫った刺客

始皇帝（秦王の政）［↓P132］を暗殺しようとしたことで知られる燕の刺客。もとは衛の出身だが、郷里の君主に国家のあるべき姿を述べたものの聞き入れられず、失望して諸国を放浪する。遊説術を身につけ、剣術にも優れていたところから、燕の実力者であった田光《でんこう》に認められ、賓客としてもてなされた。

燕の太子である丹《たん》は始皇帝に冷遇されて恨みを抱いており、田光に秦王殺害を打診してきた。この任務を遂行することになった荊軻は、始皇帝に謁見する口実として、燕の領地、督亢《とくこう》の献上を表す地図と、秦から燕に逃亡してきた武将、樊於期《はんおき》の首を用意させている。周到な準備を終えた荊軻は、出発に際し

「風蕭々として易水寒し。壮士ひとたび去って復《ま》た還らず」という、死地へと赴く覚悟をうたった詩句を残したという。

秦の都、咸陽《かんよう》へたどりついた荊軻は、目論見通り始皇帝との接見に漕ぎつける。領地の献上を喜んだ皇帝が地図を開くと、中から匕首《あいくち》が現れた。すかさず匕首を奪い取って刺そうとする荊軻に対し、始皇帝は腰の剣を抜こうとするが、剣が長すぎて鞘に引っかかり抜くことができない。殿上に武器を持ってあがることは禁じられていたため、群臣たちも素手で立ち向かわざるを得なかった。たまたま側にいた侍医が薬箱を投げ、荊軻がひるんだ隙に、ようやく剣を抜くことができた始皇帝が反撃。足を斬られた荊軻は匕首を投げつけるも外れて、柱に突き刺さってしまった。

こうして、あと一歩のところで暗殺に失敗した荊軻は斬り殺され、その後、激怒した始皇帝によって燕は滅ぼされた。

荊軻は伝説の暗殺者として語り継がれ、中国ドラマ『始皇帝暗殺 荊軻』や映画『始皇帝暗殺』では主役となっているほか、スマホゲーム『Fate/Grand Order』にも登場している。

武王（ぶおう）

Wǔ Wáng

別名 姫発（きはつ）

分類 歴史など
時代 周時代
地位 西周の王
登場作品 『史記』

殷の紂王を誅し周王朝を建国

殷《いん》（商）を滅ぼして周（西周）を打ち立てたのが姫発、のちの武王である。中国の歴史上において「武王」と呼ばれる王は複数いるが、ただ「武王」という時はこの周の武王を指す場合が多い。

武王の父は、殷の官職の最高位である三公の地位にあった文王（姫昌《きしょう》、西《せい》伯《はく》）。軍師の呂尚（太公望）［→P108］を得て領土を拡大しながらも、最後まで殷の臣下であり続けた人物であった。

当時、殷の頂点に君臨していたのは、三十代目の紂王《ちゅうおう》［→P112］。寵妃である妲己《だっき》［→P206］を寵愛して日々酒池肉林の遊興に耽るばかりか、酷刑を行って人心を失ったという暴君である。文王も謀反を疑われ、長男の伯邑考《はくゆうこう》を殺された。そればかりか、忠誠の証として、その肉汁を食べさせられるという、堪え難い屈辱を味わわされている。

文王の死後、その恨みを晴らさんと立ちあがったのが、次男の武王であった。太公望らの支えを受けた武王は、即位して2年目に時期到来と兵を繰りだしたものの、その兵力は5万にも満たなかった。対して、殷軍は70万を超える大軍。それでも、この牧野《ぼくや》の戦いに勝利したのは、寡兵であったはずの周軍の方であった。殷軍は大軍を擁していたが、その多くが捕虜として捕えられていた他国の人々ばかりだったからである。周軍が攻めてくると知った殷軍の兵たちは、敵であるはずの武王の到来を歓迎し、周軍へとこぞって寝返った。大敗を喫した紂王は、都城へと逃げ帰った末、焼身自殺を遂げる。このとき、「天智《てんじ》玉琰《ぎょくえん》」という名の美玉を下着に縫いつけていたことで、王の遺体が焼け崩れないで残ったとも言い伝えられている。武王は焼け残った紂王の遺体から首を斬り落とし、白旗の竿の先に吊るして晒《さら》し首にしたという。その後、皇帝となった武王は周を建国。武王は後世、父とともに聖人とされ崇拝された。

Kǒng zǐ

孔子（こうし）

別名　孔丘（こうきゅう）、仲尼（ちゅうじ）

分類　歴史など
時代　春秋時代
地位　魯の思想家
登場作品　『史記』

理想社会の実現を求めた儒教の祖

中国初の思想集団といえる儒家。その始祖とされるのが孔子であった。徳治主義を掲げ、思いやりの心「仁」と社会秩序「礼」にもとづく理想社会の実現を求めた、当代きっての思想家である。文武周公〔→P138〕ら古の君子の政治を理想とし、戒律ではなく「徳」による王道をもって天下を治めるべきであると主張。のちに儒教として体系が整えられ、漢代には国家の教学となり、中国思想の根幹をなすものとなっていった。

しかし、孔子の生涯はむしろ、失意の連続だったといえるかもしれない。小国魯《ろ》にうまれた彼は、『史記』では庶子であったとされ、貧しい育ちながら勉学に励んだという。下級役人として働いたが、36歳の時、魯の君主である昭《しょう》公《こう》が、実権を握る三桓氏《さんかんし》によって国外追放されると、昭公のあとを追って斉に亡命。のちに魯へ戻ると、52歳になってようやく大司寇《だいしこう》（司法長官）に抜擢され、宰相の職務をも代行するまでになる。

地位を得たあとも三桓氏との対立は解消できず、昭公の跡を継いだ弟定公が政治を投げだしたことにも失望。以降、弟子たちとともに10数年にわたる諸国行脚の旅をはじめている。理想の君主を求めて、衛、曹、宋、鄭、陳、蔡、楚などを周遊したものの、ついに仕官することも叶わず、生国の魯に戻った。失意のまま帰国したあとは仕官することなく、ひたすら著述と教育に専念。弟子の数は3千人、うち六芸に通暁した者は72人もいたといわれている。

孔子の死後、その教えを弟子たちがまとめた書が『論語』だ。後世、孔子の教えを受け継いだ孟子《もうし》、荀子《じゅんし》らによって「儒家」が発展。ほかにも厳格な法を重視する「法家」、庶民に広まり神仙思想へと繋がった「道家」をはじめ、「兵家」「墨家」「陰陽家」など優れた学派が登場し、戦乱の世で諸侯に重用された。この時期に活躍した多くの思想家を合わせて「諸子百家」と呼ぶ。

Yú jt / XiàngYǔ

項羽（こうう）虞美人（ぐびじん）

別名 項籍（こうせき）、西楚覇王（せいそはおう）
別名 虞姫（ぐき）

分類 歴史など
時代 秦時代
地位 楚の武将、その愛妾
登場作品 『史記』など

「覇王別姫」として知られる悲劇

楚の武将、項羽は反秦勢力を結集し、秦を滅亡へと追い詰めてその名を天下に轟かせた豪傑である。しかし、先に関中に攻め入って秦王を下した劉邦《りゅうほう》と反目。ついには垓下《がいか》の戦いに敗れ、自ら首を刎《は》ねて死んだ。劉邦率いる漢軍に囲まれ、四面楚歌《しめんそか》の状況に陥った際に、死を覚悟し愛妾であった虞美人に捧げたという詩「垓下の歌」が涙をそそる。

四面楚歌

秦滅亡後の天下を二分していた項羽と劉邦は、雌雄を決すべく対決した。はじめは項羽が彭城《ぼうじょう》の戦いや滎陽《けいよう》の戦いで勝利を収めたが、最後の垓下の戦いで劉邦に大敗し、包囲される。夜になると故郷である楚の歌が聞こえてきた。項羽は、楚はすでに占拠されたと思い「敵陣になんと楚の国の人の多いことか……」と嘆いたとか。これに由来し、敵に囲まれて孤立することを「四面楚歌」というようになった。

劉邦と競って秦王朝をくだす

秦王朝打倒の狼煙をあげ、劉邦と競って大きな役割を果たした豪傑が楚の武将である項羽だ。始皇帝［→P132］の崩御後、過酷な使役に駆りだされて苦しんでいた民衆の不満が一気に爆発。各地で豪侠らが立ちあがり、反乱を繰り返した。蜂起集団は次第に結集して大勢力となっていくが、その頂点に君臨したのが項羽であった。身の丈8尺2寸（約188〜196㎝）の大男で怪力の持ち主。おまけに、兵法に長けた豪傑とあって、各地の豪侠たちを傘下に収めるのにそう時間はかからなかった。鉅鹿《きょろく》の戦いでは、30〜50万という圧倒的な兵力を誇る秦軍に対し、5〜10万の寡兵で勝利。項羽のもとへと諸侯が一気に集結し、先に関中へ侵攻して秦王朝を滅ぼしていた劉邦さえ、その威を恐れて僻遠の地である漢中へ身を引かざるを得ないほどだった。しかし、項羽は20万もの投降兵を生き埋めにしたばかりか、投降した秦の最後の皇帝、子嬰《しえい》を処刑するなど、その蛮行で次第に人心を失っていく。「西楚の覇王」と称した項羽に対し、不満を抱く諸侯を糾合した劉邦は大軍を率いて攻めのぼってきた。

虞美人に贈った「垓下の歌」

40万の劉邦軍に対し、10万の項羽軍は善戦したものの、次第に劣勢となり、ついには垓下において「四面楚歌」の状況に追い込まれてしまう。

死を覚悟した項羽は、ここで愛妾の虞美人（虞姫）に「垓下の歌」を贈る。「力は山を抜き、気は世を蓋う。時、利あらず、騅、逝かず。騅の逝かざるを奈何にす可き。虞や虞や、若を奈何んせん」（私の力は山をも引き抜き、気力は世を蓋《おお》うほどであった。しかし今は時勢に見放され、愛馬の騅《すい》も歩みを止めてしまった。騅が走らないのをどうすればいい？　虞よ虞よ、お前をどうすれば良いのだ？）最期は、自ら首を刎ねて死んだといわれている。美しく聡明であったとされる虞美人のその後は、史書には記されていないが、項羽が手にかけたとも、項羽の足手まといにならぬよう自害したともいわれる。

項羽と虞美人の物語は京劇や能の題材となり、「垓下の歌」は悲劇的な名シーンとなった。項羽と劉邦の対決も多くの作品で描かれ、何度も映画やドラマ化されているほか、日本では司馬遼太郎の『項羽と劉邦』がよく知られている。

韓信（かんしん）

Hán Xìn

分類 歴史など
時代 秦〜前漢時代
地位 楚の王
登場作品 『史記』

劉邦の勝利に貢献した国士無双

西楚の覇者であった項羽［↓P142］の野望を阻止し、漢王劉邦に天下を取らせたのが、稀代の武将とされる韓信である。歴史書『史記』の「鴻門《こうもん》の会」において功績のあった張良［↓P148］や、丞相となった蕭何《しょうか》とともに、漢の三傑とまで讃えられた用兵家であった。若き日の韓信が無頼の徒に絡まれた際、彼は男の股をくぐって難を逃れた。このとき韓信は「恥は一時、志は一生」と発言したという。志の高さは並々ならぬものであったようだ。乱世がはじまると、韓信は項羽に仕えたものの重用されることはなかった。その後、漢中に追いやられていた劉邦のもとへ移るも、ここでも同様の扱いを受ける。

韓信を壮士と認めたのが劉邦の重臣だった蕭何で、韓信は天下取りに欠かせぬ「国士無双《こくしむそう》（ほかに比類なき人物）」だと明言。この進言によって大将軍となった韓信のその後の活躍ぶりには目を見張るものがあった。わずか2万の兵で30万と号した趙の大軍と対峙した際には、川を背にして戦う「背水の陣」を敷いて見事勝利を収めている。さらに、最大の活躍の舞台となった楚漢戦争では、垓下の戦いにおいて30万もの軍勢を率いて項羽を追い詰めた。

項羽を死に追いやり、劉邦の天下取りに一番功績があった韓信だが、その末路は哀れであった。楚の将軍を匿い劉邦の不興をかったことで転落がはじまり、韓信の出世を妬む者から「謀反の疑いあり」と讒言されて捕らえられてしまったのだ。のちに保釈されたものの、冷遇に耐えかねついには本当に反乱を企てる。しかし、計画は事前に発覚し、捕らえられた韓信は一族もろとも処刑されてしまった。

「狡兎死して走狗烹らる」は、用済みとなった猟犬が煮て食われることになぞらえ、敵が滅びれば不要となった臣下は惜しげもなく捨てられるという意味だが、韓信もまさにこの道をたどったといえるだろう。

Zhāng Liáng

張良（ちょうりょう）

別名 子房（しぼう）、文成侯（ぶんせいこう）

分類 歴史など
時代 秦～前漢時代
地位 漢の軍師
登場作品 『史記』など

漢を支えた軍師、仙人を目指す

漢を立ちあげた劉邦の軍師。婦人のように美しい顔立ちで人並み外れた頭脳をもち、劉邦を勝利に導いた楚漢戦争、影の立役者でもある。このことから、張良は「天才軍師」の代名詞となった。彼は素行の悪い劉邦に恐れず諫言し、時に褒め、さらに劉邦がピンチの時にも逃げ出さなかった。天下統一後、部下を疑うようになった劉邦も、最後まで全幅の信頼を置いた人物である。

そんな彼のうまれは、韓の宰相の家。しかし彼がまだ若い頃、韓は秦によって滅ぼされてしまう。秦王（始皇帝）［→P132］を憎んだ彼は財を売って始皇帝暗殺計画をたてた。これは重さ120斤にもなる鉄槌を始皇帝の乗る車に投げ込むという大胆な作戦である。しかし的を外し、暗殺は失敗。彼は始皇帝の追っ手から身を隠すため姓名を変えて逃亡する羽目になってしまった。

こうして張良が地方に潜伏していた時のこと、彼はそこで不思議な老人と出会う。老人は靴を橋の下に投げ捨て、張良に拾ってくるように命じたのだ。拾えば「数日後、この場所に来い」と老人は張良に一方的に命じ、約束通りに行ってみると老人はすでに着いており「遅い」と怒られる。腹を立てた張良だが言いつけに従い、その後2回も会いに行ったところ、老人は張良に太公望［↓P108］の兵書をわたし「13年後に黄色い石を見つけるだろう、それこそ私だ」と言い残して消え去ってしまう。実はこの老人、仙人の黄石公だったのだ。張良はこの兵書を勉強し、後に劉邦のもとに馳せ参じることとなる。

天下統一後、張良は大きな恩賞を望まずに引退。そのおかげで彼は統一後の内紛に巻き込まれず、寿命をまっとうすることができた。老人の言葉通り、13年後に山で見つけた黄色い石とともに彼は埋葬されたという。

寿命が尽きる頃、彼は特別な呼吸法を取得し、断食して体を軽くする修行を行い、神仙を目指した。老人の件も含め、神仙に関わりの深い人物だった。

関羽（かんう）

Guān Yǔ

別名　雲長（うんちょう）、美髯公（びぜんこう）、関聖帝君（かんせいていくん）など

分類　歴史、創作
時代　三国時代
神格　後漢の将軍、武芸・商売の神
登場作品　『三国志』『三国志演義』など

死して神となった忠烈の義士

三国時代、蜀漢の初代皇帝である劉備に仕えた武将。義兄弟の劉備、張飛［→P154］と長く苦楽をともにしたが、荊州《けいしゅう》の守備をしていた時に呉《ご》の策略によって、無念の死を遂げた。9尺の雄大な体躯に2尺の美髯を蓄えた偉丈夫で、学問にも明るい文武両道の士。信義に厚く、生涯劉備への忠義を貫いたことから、死後には信用第一の商売の神となった。

赤兎馬《せきとば》
関羽の愛馬。もとは呂布［→P160］の愛馬で、呂布から接収した曹操より譲り受けた。全身が燃えるように赤く、血の色の汗をかき、1日に千里を駆けるという。関羽の死後、食事を摂らなくなり世を去った。

青龍偃月刀《せいりゅうえんげつとう》
関羽が愛用した薙刀状の武器。82斤（約50kg）もあるが、関羽は軽々と扱ったという。実際には三国時代より後世の武器であり、創作の可能性が高い。

『三国志演義』を代表する英傑

小説『三国志演義』のプロローグといえる「桃園の誓い」は、劉備、関羽、張飛が義兄弟の契りを交わす名シーンだ。この時から劉備は長兄、関羽は次兄、張飛は末弟となってともに立身出世を目指し、劉備は蜀漢の初代皇帝となった。『三国志演義』によると関羽は、身長9尺（約210cm）の偉丈夫で、2尺（約48センチ）の頬ひげを蓄え、熟した棗のような赤い顔に、鳳凰のような鋭い目、蚕のようなしなやかな眉をしていたという。この英雄然とした容姿のとおりに武芸を得意とし、愛用の青龍偃月刀で華雄《かゆう》や顔良《がんりょう》、文醜《ぶんしゅう》などの豪傑を討ち取った。一方で、歴史書『春秋』の注釈書『春秋左氏伝』をほとんど諳《そら》んじるほどの教養があり、知将としても知られる。

まさに文武両道の士であり、そのうえ義に厚く、敵である魏の曹操《そうそう》などからも敬意を向けられたが、劉備への忠義は決して揺るがなかった。しかし非常にプライドが高く、他人を軽侮するところがあったことから、同盟国の呉の孫権《そんけん》の恨みをかい、要地、荊州における樊城《はんじょう》の戦いで、魏と戦闘中、背後から攻めてきた呉の策略によって捕えられ処刑された。

死してなお神として崇拝される

関羽は死後も理想的英雄として尊敬を集め、三国時代から約400年後の唐時代には仏教の武神、さらに約400年後の宋時代には道教の財神へと神格化される。一見すると関羽が財産や商売を司る神になるとは不思議だが、ここには「商売で最も重要なのは約束を守り抜く信義である」という考えが込められている。また関羽は桃園の誓い以前に塩の密売人をしていたという伝説があり、そろばんの発明者ともいわれるため、商売との縁は意外と深いのだ。

現在はアジア各地に関羽を神として祀る関帝廟があり、日本でも横浜や神戸の関帝廟は人気の観光地となっている。京劇では「紅生」という専用の役柄に分類される点からも、神として敬意を払われていることがわかるだろう。また『三国志』を扱うエンターテインメント作品では欠かせない存在となっており、シミュレーションゲーム『三国志』シリーズやアクションゲーム『真・三國無双』シリーズでも高パラメータの強力なキャラクターとして登場する。

張飛（ちょうひ）

Zhāng Fēi

別名 燕人張飛（えんひとちょうひ）、翼徳（よくとく）、益徳（えきとく）、桓侯（かんこう）

分類 歴史、創作など
時代 三国時代
地位 後漢の将軍
登場作品 『三国志』『三国志演義』など

民衆に愛された三国志の豪傑

史実をもとにした『三国志演義』では民衆からの圧倒的な人気を誇る豪傑、張飛。演義では虎髭を生やし、ぎょろりとした目を持つ独特な顔立ちとして知られている。重い蛇矛を振るうその武勇は天下無双で、義兄の関羽［↓P150］も「張飛は自分より強い」と語ったほどだ。

張飛は劉備が黄巾党討伐の義勇兵として兵を集めていた時にその傘下に加わり、最期まで劉備を支え乱世を戦い抜いた。劉備が曹操に追われて必死の逃亡をする羽目になった際、殿《しんがり》の張飛は少しでも時間を稼ぐために、長坂橋にひとり仁王立ちし、大軍の敵に向かって「我こそ張翼徳である。死を賭して戦おう」と叫んだ。その声は雷が落ちるほどの大音量だったといい、彼の勢いに怖気ついた曹操軍は一時退却せざるを得なかったという。また、曹操の軍師からは「張飛ひとりで1万人の兵に匹敵するほど」と絶賛されるなど、敵国にさえ一目置かれていた人物である。

そんな張飛だが、気が短いのが玉に瑕だった。彼は身分の高い人物に対しては丁重な態度をとるものの、自分より身分の低い人物に対する扱いが粗雑だったのだ。劉備は、張飛が部下に強く当たることを常に心配していたが、後年、この心配が的中することとなる。関羽を殺した呉へ弔い合戦に出るべく戦いの準備をしていた張飛は、不意をつかれて部下に暗殺されてしまうのだ。この部下は、張飛のことを以前から恨んでいた男たちであった。張飛の死後、劉備は戦に敗れて失意の中、病死することとなる。

なお、張飛の逸話や史跡は中国各地に残っている。たとえば長江に投げ捨てられた張飛の首を漁師が拾い埋葬したという張飛廟や、張飛が手ずから植えたと伝説が残る張飛柏などだ。いずれも多くの人が訪れる観光地となり、彼の人気は2千年近くたった今も衰えていない。

諸葛亮（しょかつりょう）

Zhūgě Liàng

別名 孔明（こうめい）、伏龍（ふくりゅう）、臥龍（がりょう）忠武侯（ちゅうぶこう）など

分類 歴史、創作など
時代 三国時代
地位 蜀漢の丞相、軍師
登場作品 『三国志』『三国志演義』など

超人的な術まで操った天才軍師

蜀漢皇帝である劉備と劉禅に仕えた軍師。俊英が集う三国志の物語の中でも突出した知謀で知られる。「三顧の礼」で迎えられ、「天下三分の計」を説いて劉備に国を持たせた。五丈原の戦いで志半ばに没する悲劇性が後世の人々の胸を打ち、小説『三国志演義』では超人的な術まで操って大活躍。東南の風を呼んだり延命の儀式を行ったりする。

三顧の礼

現在では特に目上の者が目下の者を何度も訪ねて協力を依頼することを指すが、これは劉備が諸葛亮の草庵を3度訪ねて軍師に迎えたことに由来する。

死せる孔明生ける仲達《ちゅうたつ》を走らす

五丈原の戦いで陣没した諸葛亮は、撤退時の陣頭に自分の木像を置くよう遺言した。これを見た魏軍司令官の司馬懿《しばい》は、死んだはずの諸葛亮が生きていたと誤認して退却した。「仲達」は司馬懿の字。

「三国鼎立」を推奨した天才軍師

字《あざな》の「孔明」で呼ばれることも多い諸葛亮は、弱小勢力の劉備を蜀漢皇帝に導いた天才軍師として日本でも人気が高い。ところがデビューは意外と遅く、劉備陣営に加わるのは三国志の物語で山場のひとつである赤壁《せきへき》の戦い直前だ。

父を早くに失った諸葛亮は叔父の保護で荊州に住み、晴耕雨読の隠遁生活を送っていた。しかし「諸葛亮は伏龍（地に伏せて実力を発揮していない龍）である」と聞いた劉備が諸葛亮の草庵を3度も訪ねてきたため、諸葛亮は「三顧の礼」の熱意に応えて劉備への仕官を決めたのだった。劉備の軍師となった諸葛亮は、当時まだ根なし草だった劉備に蜀での勢力確立を勧め、巨大勢力である曹操の魏と孫権の呉に対抗する「天下三分の計」を授けた。この「三国鼎立」状態こそが歴史書『三国志』のタイトルの由来である。

諸葛亮は蜀漢皇帝となった劉備とそのあとを継いだ劉禅を補佐したが、最終的には五丈原の戦いで魏の司馬懿と対峙しながら無念の病死を遂げた。それから約30年後には、蜀も魏に降伏して滅亡してしまうのである。

鬼神と見まごう『三国志演義』での超人的活躍

諸葛亮の悲劇的な生涯は後世の人々の心を打ち、時代を経るにつれて荒唐無稽ともいえる脚色が加わっていった。三国時代から1000年以上ののちの明時代の小説『三国志演義』は、三国時代直後の晋時代の歴史書『三国志』を基盤としながらも、このような〝ぶっとんだ〟諸葛亮の活躍を取り込んでいる。

代表的な例が、赤壁の戦いで火計を成功させるために東南の風が必要となり、七星壇という祭壇で祈って東南の風を吹かせるというエピソードだ。また五丈原の戦いでは自分の死期を悟るが、あと少し生きれば魏を倒せると考えて延命の儀式に臨む。この儀式は部下が乱入して失敗に終わり、結局、諸葛亮は命運尽きてしまうが、もはや人知を超えた異能力者のようである。

日本のエンタメ作品は『演義』ベースが多いため、諸葛亮のキャラづけもすべてを見透かすような超然とした人物像が多い。横山光輝の漫画『三国志』では、敵から常に「孔明の罠だ」と恐れられている。またゲーム『真・三國無双』シリーズでは、白羽扇からビームを出す姿がすでにおなじみの光景だ。

呂布（りょふ）

Lǚ Bù

別名 奉先（ほうせん）、飛将（ひしょう）など

分類 歴史、創作など
時代 三国時代
地位 後漢の武将
登場作品 『三国志』『三国志演義』

時代に愛されなかった三国志最強の猛将

前漢の名将である李広《りこう》と同じ「飛将」の異名を取った呂布は、勇猛で弓馬に優れた三国時代随一の猛将である。方天画戟《ほうてんがげき》という長柄の武器を愛用したとされるが、これは三国時代より約800年のちの宋時代以降に成立したため、『三国志演義』などによる後世の創作と考えられる。虎牢関《ころうかん》の戦いで劉備、関羽、張飛を同時に相手した「三英戦呂布」は、名シーンのひとつだ。このずば抜けた戦闘能力により、愛馬の赤兎とともに「人中の呂布、馬中の赤兎」と称賛された、まさに三国志最強の武将といえる。

しかし、その生涯には華々しい栄光よりも暗い影がつきまとう。野心家の董《とう》

卓《たく》にスカウトされて義父の丁原《ていげん》を殺し、その董卓も仲違いして殺した。さらに放浪中の苦境を救ってくれた劉備を裏切って城を奪い、最期は劉備と組んだ曹操に攻め滅ぼされた。こうしてみると自己中心的な卑劣漢のようだが、実像は強すぎる力を利用され危険視された、孤独な人間ともいえるだろう。

京劇では呂布のこのような「時代に愛されなかった悲哀」がクローズアップされており、粗暴な役回りの「浄《ジン》」ではなく、色男役の「小生《シャオション》」という〝イケメン枠〟があてがわれる。『三国志演義』では呂布と董卓の仲違いを架空の美しき歌妓、貂蟬《ちょうせん》の策略として描いており、これを題材にした京劇の演目「呂布と貂蟬」は美男美女の悲恋物語として人気が高い。

日本でも北方謙三の小説『三国志』では、滅びゆく者の美学を体現した哀しくも人情味あふれる人物として描かれている。ゲームでは最強武将らしくチート級の強キャラとして登場することがほとんどで、『真・三國無双』シリーズでは呂布専用BGMが聞こえただけでトラウマをえぐられる人も多い。また呂布には名前が不明の娘がひとりいたとされており、『無双』シリーズでは『7猛将伝』より呂玲綺《りょれいき》という名前でこの娘も登場している。

大喬（だいきょう）　小喬（しょうきょう）

Xiǎo Qiáo / Dà Qiáo

別名 喬靚（きょうせい）

別名 喬婉（きょうえん）

分類 歴史、創作など
時代 三国時代
地位 呉の武将の妻
登場作品 『三国志』『三国志演義』など

英雄たちの心を奪った美人姉妹

揚州《ようしゅう》の名士である喬公の娘で、大喬が姉、小喬が妹。美人姉妹として名高かった。孫策《そんさく》が皖城《かんじょう》を攻略した際に捕虜となり、大喬が孫策、小喬が周瑜《しゅうゆ》の妻となる。どちらも夫は早世しており、その点では薄幸だった。曹操が大喬と小喬を欲していると耳にした周瑜が立腹し、赤壁の戦い開戦に繋がったといわれる、傾国の美女である。

赤壁の戦い
魏・蜀・呉による天下三分のきっかけとなった一大会戦。三国志の中でも特に重要な合戦のひとつである。諸葛亮[→P156]と周瑜が協力して大規模な火計を成功させ、曹操の船団を一網打尽にした。

銅雀台《どうじゃくだい》
曹操が魏の建国にあたって築いた宮殿。洪水で流失したため現存しない。美女に目がない曹操は、ここに大喬と小喬を侍《はべ》らせたいと語ったという。

花も恥じらう江東の美人姉妹

姉の大喬と妹の小喬の姉妹。揚州の名士である喬公の娘で、中国四大美女にも匹敵する美しさだったという。揚州一帯は長江最下流域に位置することから「江東」と呼ばれたため、「江東の二喬」としてその美貌を天下に知られた。

この江東を統一したのが「小覇王」の異名を取った孫策である。孫策は江東統一戦の一環で行った皖城攻めに勝利した際、大喬と小喬を捕虜とした。そして孫策が大喬、孫策の親友で義兄弟の周瑜が小喬を妻に迎えたのである。ところが孫策は大喬と結婚して1年足らず、26歳で死んでしまい、周瑜も小喬と結婚して10年後の36歳で死んでしまった。姉妹ともに補えられた先で結婚した夫が若くして世を去るという、時代に翻弄された悲劇の女性といえる。

しかし、孫策には「自分たちと結婚できる喬姉妹は幸せ者だろう」というのろけ話が伝わっており、周瑜には敵対する曹操が「喬姉妹を銅雀台に侍らせたい」と語ったと伝え聞いて激怒し、赤壁の戦い開戦を決意したという逸話がある。どちらの夫も喬姉妹に愛情を抱いていたのではないだろうか。

なにかと妖術に縁のある夫たち

早世した孫策と周瑜だが、小説『三国志演義』ではどちらも妖術に縁があり、それが命を縮めた原因のひとつになっている。

孫策は自領の民衆の病気を治してまわる道士の于吉《うきつ》仙人を危険視し、言いがかりをつけて殺害した。こののち孫策が刺客に襲われて負傷すると、于吉仙人が夜な夜な現れて傷が悪化する呪いをかけたため、孫策はついに死んでしまうのである。いかにもオカルトめいているが、歴史書『三国志』にも孫策が于吉という道士を殺した逸話が記されており、完全な創作ではないようだ。

周瑜は劉備陣営の軍師、諸葛亮を警戒していたが、その諸葛亮が赤壁の戦いで火計を成功させるために、妖術で東南の風を呼んだことに恐怖心を抱く。諸葛亮の存在がストレスになった周瑜は、彼から「そちらの手の内はお見とおし」と手紙で煽られて憤死した。夫たちもなかなか悲劇的である。

美人姉妹の大喬と小喬は、『無双』シリーズなど多くのゲームに登場する。映画『レッドクリフ』では、台湾の人気モデル林志玲《リンチーリン》が小喬を演じた。

華佗（かだ）

Huà Tuó

別名 元化（げんか）

分類 歴史、創作など
時代 三国時代
地位 医者
登場作品 『三国志』『三国志演義』など

陣営を問わず人々を救った名医

三国志随一の名医と呼ばれる華佗。物語『三国志演義』では「聖手」と呼ばれるほどだった。しかし史実の『三国志』、創作の混じった演義、どちらにおいても彼は謎の多い人物として描かれている。

華佗は医療の道に通じ、3世紀の後漢の時代に麻酔薬をつくり出し、外科手術を行った人物ともいわれている。偏頭痛で悩んでいた魏の曹操は、名医と名高い彼の噂を聞くとすぐさま召し出して頭痛の原因を探らせた。するとその病状を見た華佗は「この頭痛の原因は頭の中にあるので、頭を割って手術をするしかない」と進言。この言葉を聞いた曹操は「自分を殺そうというのか」と激怒。華佗を牢に閉じ込めてしまうのである。彼の腕前を知る周囲は必死にたしなめたが曹操の意見は覆らず、とうとう華佗は処刑されてしまった。

華陀は曹操だけでなく、演義においては腕に毒矢を受けた蜀の関羽［↓P150］の手術を施した。また、主をかばって大怪我を負った呉の周泰の手術を行ったこともある。このように、彼は魏・蜀・呉陣営問わず怪我をした人物があれば助け続けたのである。そんな華佗は、100歳ぐらいと言われているが見た目は若々しく、自分に助けを求めている人のところに現れる……という、まるで仙人のような人物だ。彼がつくったという薬酒「屠蘇《とそ》」は時代を超え、現在でもお正月に親しまれている。

華陀は前述の通り獄死してしまうのだが、その際、彼は自分の書いた医学書を牢番にわたしてその技術を継承させようと考えた。しかし牢番の妻はこの本の重要さに気づくことなく燃やしてしまい、結果的に華佗の技術は後世、引き継がれなかった。

なお、曹操は、のちに自分の息子が病で倒れた時、華佗を獄死させたことをひどく悔やんだとのことである。

Gāo Chánggōng

高長恭（こうちょうきょう）

別名 **蘭陵王**（らんりょうおう）、**高粛**（こうしゅく）、**蘭陵武王**（らんりょうぶおう）、**高孝瓘**（こうこうかん）**など**

分類 歴史、創作など
時代 南北朝時代
地位 北斉の皇族、太師、太尉公
登場作品 『北斉書』など

謙虚で優美な仮面の勇将

4つの南朝と5つの北朝が興亡を繰り返した南北朝時代に、高一族が興した国が北朝の北斉である。高長恭はその姓からもわかるとおり北斉の皇族で、優れた武将でもあった。「長恭」は字で、諱は「粛」とも「孝瓘」とも伝わる。治めた土地に由来する「蘭陵王」の称号で呼ばれることも多い。

皇族といっても驕ることはなく、褒美として果物を賜ると少量でも部下たちと分け合い、20人の美女を下賜された時にはひとりだけ選んでほかは返上するなど、謙虚で気配りのできる人物だった。戦場では勇猛果敢で、要地の洛陽《らくよう》を北周に包囲された際は、約10万もの北周軍にわずか500ほどの兵で突入して孤立した金墉城《きんようじょう》を救出している。高長恭配下の兵士たちは、このときの高長恭を讃えて「蘭陵王入陣曲」という歌をつくった。この歌は奈良時代頃に日本にも伝わり、現在も雅楽「蘭陵王」として演奏されている。

また高長恭は美声と美貌をもつといわれ、この特徴が金墉城救出の逸話に新たな伝説をうんだ。史実の合戦では、高長恭が金墉城の開門を求めた際、防具として鉄の仮面をつけていたため城兵は相手が誰かわからず躊躇した。そこで高長恭が仮面を外すと味方とわかったため、城門は開かれたとされる。これが後年、「高長恭は自らの美貌に配下の兵士たちが見とれて士気が落ちることを防ぐため、常に仮面をかぶって戦った」という伝説に繋がったのである。

人望があり勇猛で見目麗しいと三拍子そろえば重用されそうだが、北斉の皇帝の高緯《こうい》（後主）はかえって自分の地位を脅かすのではないかと疑いを抱き、高長恭に服毒自殺を命じた。高長恭はこれを受け入れ、悲劇的な最期を遂げた。

日本のエンタメ作品では、アプリゲーム『Fate/Grand Order』に「蘭陵王」の名で登場。礼儀正しい優等生タイプの性格や仮面をかぶったビジュアルなど、高長恭の特徴を捉えたキャラクター造形になっている。

武則天（ぶそくてん）

Wǔ Zé tiān

別名 則天武后（そくてんぶこう）、武照（ぶしょう）、聖神皇帝（せいしんこうてい）

分類 歴史
時代 唐
地位 女帝
登場作品 『新唐書』『資治通鑑』など

中国三大悪女であり、史上初にして唯一の女帝

武則天とは、唐の三代目皇帝である高宗の皇后であり、のちに中国史上初の女帝となった人物である。

資産家である武氏一族にうまれた彼女は幼い頃から美しく、14歳の頃に唐の二代目皇帝、太宗の後宮に入宮。しかし太宗は死去し、彼女は出家することになる。このまま歴史から消えるかと思いきや、彼女は再び還俗させられ都に呼び戻された。彼女を呼んだのは太宗の息子、高宗。つまり彼女は義理の息子の後宮におさまったのである。

この後、彼女は皇后となるため、我が子を殺し、その罪を当時の皇后になす

りつけたという、まことしやかな噂がある。これが嘘か真かは謎だが、彼女は前皇后を押しのけ、皇后へと成り上がった。一説では、武則天は前皇后の両手足を切断して酒壺に押し込み殺したとも伝わっている。

皇后についた彼女は軟弱な皇帝に代わって政治を支配。瑞獣である麒麟[↓P184]の足跡を見つけたと言って元号を「麟徳」と改元。さらに皇帝の権威を示すため、かの始皇帝[↓P132]が行ったという「泰山封禅」の儀を行うことを計画する。この儀式は本来皇帝が行うものだが、天をまつった夫に続いて武則天も登場。美しい姿で儀式を執り行い、人々の度肝を抜いた。

その後、武則天に政治を乗っ取られたまま、高宗は死去。とうとう武則天が皇帝になる時がきた。彼女は自分自身を弥勒菩薩のうまれ変わりと喧伝し、国名を「周」とした。そして用意周到に皇帝への布石をつくり上げると、「聖神皇帝」と名乗り皇帝に成り上がったのである。そんな彼女も老年には皇太子の反抗を受け譲位。ひっそりと生涯を閉じた。

彼女が目指したのは神か仏か。しかし後世、彼女に与えられたのは「中国三大悪女（一説では四大）」という呼び名であった。

玄宗（げんそう）
楊貴妃（ようきひ）

Yáng Guìfēi / Xuán Zōng

別名 李隆基（りりゅうき）、唐明皇（とうめいこう）など

別名 楊玉環（ようぎょくかん）、太真（たいしん）など

分類 歴史など
時代 唐時代
地位 唐九代皇帝とその側室
登場作品 『旧唐書』『新唐書』など

英邁な名君を幻惑した絶世の美女

中国史上唯一の女帝である武則天［↓P170］と、その次期皇帝の妻である韋《い》皇后の謀略による政治の混乱「武韋の禍《か》」を終息させ、善政を敷いて唐王朝全盛期を築いたとされるのが玄宗である。当時の元号にちなんで「開元の治」と呼ばれる玄宗の治世では、異民族の進出を防ぐ地方行政官、節度使が配置され、平和の中で経済的にも文化的にも国が栄えた。

ところが、平穏の時代はひとりの美女の登場で崩れ去る。玄宗は自らの18番目の子の妻である楊貴妃に惚れ込み、息子から奪って側室とした。こののちは楊貴妃の色香に溺れて政治を顧みなくなり、側近や楊貴妃の一族が好き放題す

るようになる。やがて楊貴妃親族の楊国忠《ようこくちゅう》と節度使の安禄山《あんろくざん》が対立し、安禄山は部下の史思明《ししめい》とともに謀反を起こした（安史の乱）。玄宗は楊貴妃を連れて王宮を脱出したが、「楊貴妃のせいで国が乱れた」と憤る護衛の兵士たちを抑えきれず、泣く泣く楊貴妃に自死を命じた。玄宗はその6年後に没した。

楊貴妃は豊かで真っ黒な髪と、きめ細かく真っ白な肌の美女だったと伝わる。政治的介入は望まなかったらしく、問題は傍若無人な親族にあったといえる。それでも玄宗から死を賜った時には、潔く受け入れたという。

興味深いのは楊貴妃の墓が日本に伝わっていることだ。愛知県の熱田神宮には、「楊貴妃の墓石」といわれる石が置かれている。これは玄宗が日本への出兵を計画したため、熱田神宮の主祭神である熱田大神が楊貴妃に化身して玄宗を骨抜きにし、計画を立ち消えにさせたという伝説に由来する。安史の乱で命を絶たれた楊貴妃は熱田大神に戻ったため、日本に墓があるというわけだ。また、山口県の二尊院《にそくいん》には楊貴妃の墓と伝わる五輪塔がある。楊貴妃は安史の乱で死んでおらず、ひそかに海を渡って日本に流れ着いたという。楊貴妃は悲運の美女の物語は日本でも広く愛好されていたことがよくわかる。

岳飛（がくひ）

Yuè Fēi

別名 鵬挙（ほうきょ）、武穆（ぶぼく）、岳鄂王（がくがくおう）など

分類 歴史など
時代 宋時代
地位 南宋の武将
登場作品 『宋史』

異民族と戦い伝説となった救国の英雄

中国の英雄として、三国時代の関羽 ［→P150］ と並んで真っ先に名前があがるのがこの岳飛といわれる。南宋の農民出身だったが、当時南宋を脅かしていた金との戦いで義勇軍を率いて活躍し、民衆から絶大な人気を得た。武勇だけでなく清廉な志と教養も備えた人物だったが、金との和睦を進める宰相によって無実の罪をきせられ、非業の死を遂げた。

満州民族

北宋、遼を滅ぼして南宋と対立した金王朝は、満州地方出身の女真《じょしん》族が建てた国だった。金はこのあとモンゴル民族の元によって滅ぼされるが、17世紀には同じ女真族のヌルハチが後金といわれる国を興す。これがやがて清と名を変え、中国全土を統一する大帝国となった。同時に民族の名も「満州民族」「満州族」と改められた。

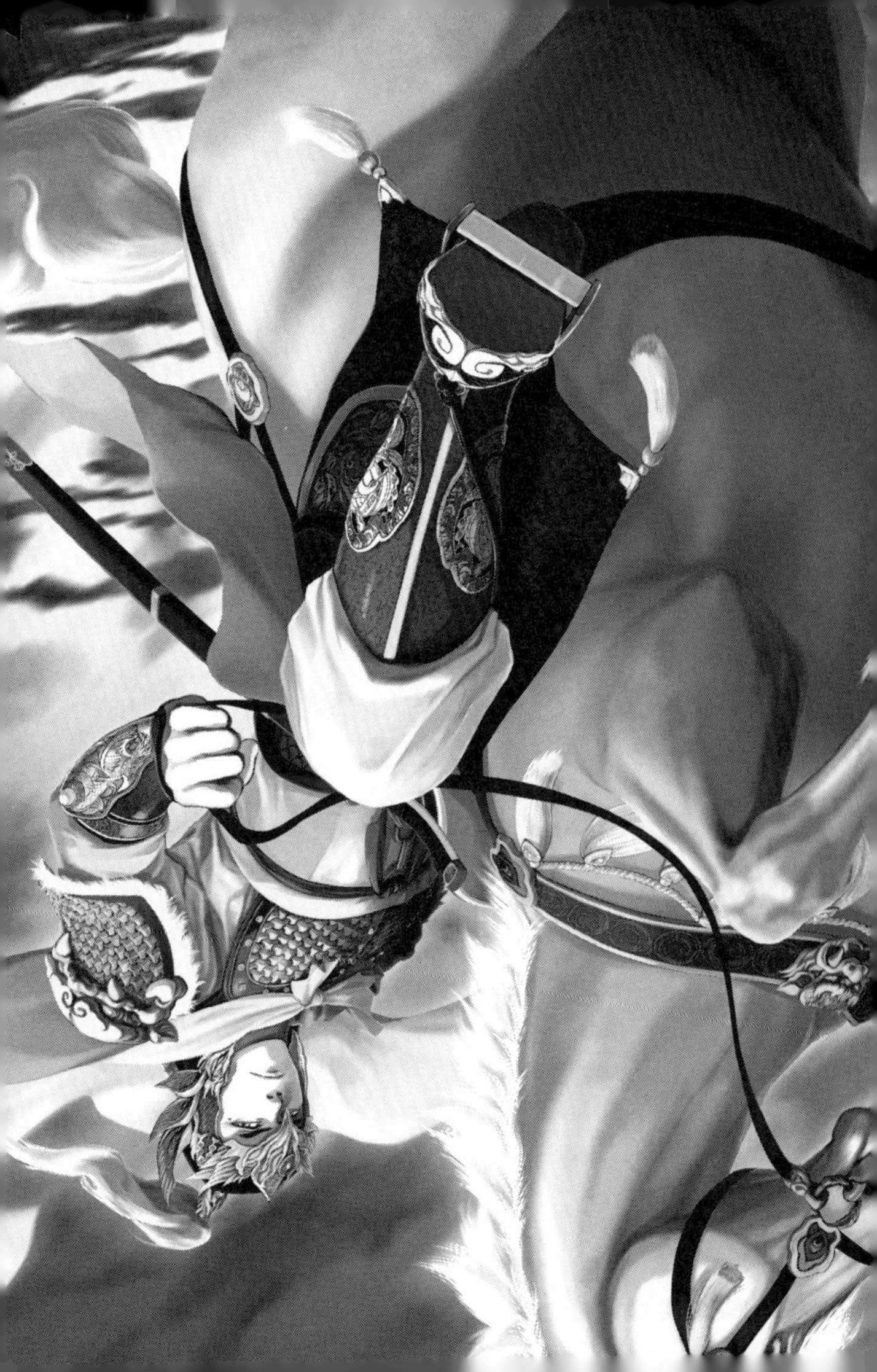

人々に愛され続ける中国の国民的ヒーロー

中国人なら誰もが知る国民的英雄が岳飛である。小説『水滸伝』の舞台となった北宋時代直後の南宋時代に活躍した。当時の中国は女真族の国である金に北部を脅かされ、皇帝の徽宗《きそう》が金に連行される靖康《せいこう》の変により北宋が滅亡し、難を逃れた徽宗の九男、高宗が南宋を開くという、激動の時代だった。このとき、岳家軍と呼ばれる義勇軍を率いて金に連戦連勝したのが岳飛だ。

岳飛は農民出身だが武芸にも学問にも秀で、弓は左右両方で射ることができたと伝わる。父を早くに失い、母の由氏に女手ひとつで育てられ、背中には母に施された「尽忠報国（忠義を尽くして国に報いるという意味）」の刺青があったという。この母の願いどおりに成長した岳飛は、金から国を救うために南宋の官軍が募集する義勇軍に参加した。文武両道で情の深い岳飛は多くの兵士に慕われ、こうして集まった仲間が岳家軍となった。

岳飛は、自軍には略奪を決して許さなかった。当時は官軍ですら平然と略奪を行っていたが、農民の苦労を知る岳飛は慣習に流されなかった。岳飛の人気の要因はこのような人間性にもあるだろう。

絶頂期に無実の罪を着せられた無念の最期

金軍が10万ともいわれる大軍で南下すると、岳飛は6戦6勝の無敵ぶりを発揮して高宗に迫る敵を撃退し、人気も名声もうなぎのぼりとなる。しかし、それを疎ましく思う者がいた。宰相の秦檜《しんかい》である。秦檜は講和で金との決着をつけたいと考えており、金を刺激する岳飛が邪魔だったのだ。このため岳飛は秦檜によって謀反をでっちあげられ、凄惨な拷問の末に処刑されてしまった。このとき岳飛の同僚である韓世忠《かんせいちゅう》が「岳飛の謀反に証拠があるのか」と秦檜に詰め寄ると、秦檜は「あったかもしれない（莫須有）」と答えたため、韓世忠は「莫須有の3文字で天下が納得するものか」と激怒したという。結局、岳飛の潔白が証明されたのは秦檜の死後である。

「悲劇のヒーロー岳飛と卑劣な悪人の秦檜」という図式は現代中国にも伝わるが、平和的解決を目指した秦檜の考えにも一理ある。北方謙三の小説『岳飛伝』ではこのような岳飛と秦檜それぞれの思惑や苦悩が描かれている。

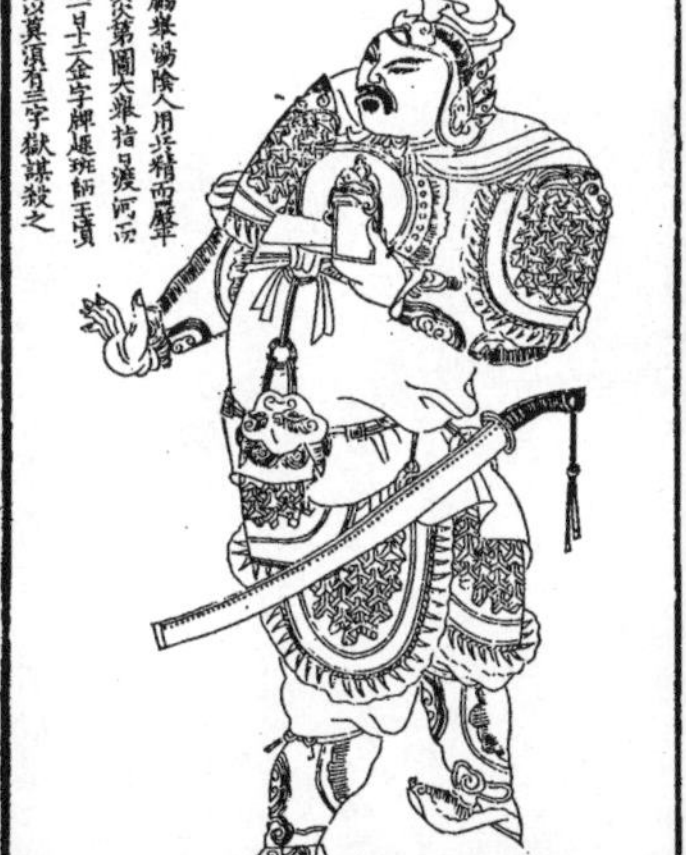

鎧をつけ勇ましい立ち姿の岳飛
（清時代、金古良画『無雙譜』より）

5章 霊獣・邪神・妖怪編

四神（ししん）

Sì shén

別名　四獣（しじゅう）、四象（ししょう）

東西南北の方角を守る霊獣たち

古代中国では天を４つの星宿に分け、それぞれを４体の霊獣で神格化した。この霊獣を四神という。一般的には、東の青龍、西の白虎、南の朱雀、北の玄武とされる。春秋時代に発達した五行説との関わりも深く、日本でも四神は広く信仰されている。吉凶の方角を占ったり、都の設計に四神の加護を取り入れたりと、日本文化にも根づいている。

四神相応

陰陽五行説では、方角と霊獣との対応を「四神相応」と呼んで重視した。「四神相応の地」であれば四神の加護が得られるとされ、東の青龍に流水、西の白虎に大きい道、南の朱雀にくぼ地、北の玄武に丘陵のある場所が吉。日本の代表的な例は京都の平安京だ。東の鴨川、西の山陰道、南の巨椋池（昭和初期に干拓）、北の船岡山が該当する。中央の平安神宮と四方の神社をあわせた「五社めぐり」も盛ん。

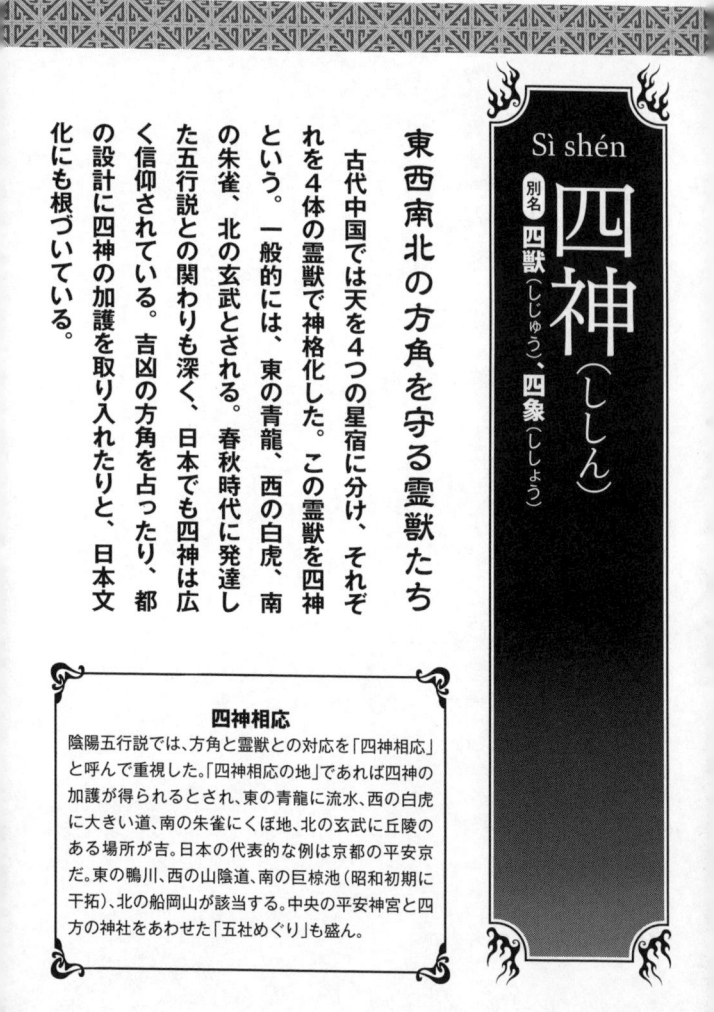

青龍、白虎、朱雀、玄武それぞれの守るもの

星座は、西洋では黄道十二宮の12星座となるが、古代中国の天文学では二十八宿に見立てた。それをさらに7宿ずつ4つに分け、四方を守る神としたのが四神だ。東方は龍、西方は虎、南方は鳥、北方は亀が守護する。

なぜこの4神なのか。それは、これらがウロコ、毛、羽、甲羅をもつ生き物たちの祖先であると、古代人が考えたからだという。春秋時代には五行説とも結びついた。東は五行で木に属し、色は青（緑に近い〝蒼〟ともされる）で青龍。西は金に属し、色は白で白虎。南は火、色は赤で朱雀。北は水、色は黒で玄武（玄は黒という意味）となる。四神は平和な世界の守り神。古代人は、王墓や寺院の壁画に描くなどして、四神を信仰し、国の安泰を願った。

風水が発達するとご利益が加わった。青龍は雨を降らせ五穀豊穣ひいては成功をもたらす。白虎は勇猛で邪を祓い、朱雀は結婚運や家業の繁栄を加護。亀に蛇が巻きついた姿で描かれる玄武は魔除けと長寿の徳が高い、などのように。四神の中央に黄龍（または麒麟［↓P184］）を据え5神とすることもあるほか、

四霊（麒麟、鳳凰〔→P188〕、霊亀、応竜）も貴重な霊獣とされる。

現代エンタメにも四神の加護あり!?

四神の加護は墳墓や、都城建設における重大事項だった。日本では、奈良県の高松塚古墳やキトラ古墳の壁に四神が彫られているのが見つかっている。また、四神に守ってもらえる場所にするため、「四神相応」の地理条件もうみだされた。中国で理想の都とされた唐の長安は四神相応の模範例とされ、日本では平安京や江戸にも四神相応が取り入れられた。平城京の朱雀門、江戸城の西の虎ノ門、会津藩の白虎隊など、四神ネーミングは枚挙にいとまがない。

現代にも四神名は多数。万城目学の小説『鴨川ホルモー』は、京都が舞台の青春ファンタジー。京都府の4つの大学に四神の名を冠したサークルがあり、ホルモーという競技に熱中していく物語だ。アニメ『新幹線変形ロボ シンカリオン』には、四神の名を冠した敵が登場。彼らは古の種族であるキトラルザスで、〝巨大怪物体〟を繰り出す。そのほか、四神が登場する作品を探せばいくらでも出てくるだろう。四神は、現代作品にもはや不可欠な存在なのだ。

麒麟（きりん）

Qílín

分類 伝説、民間伝承など
神格 霊獣
登場作品 『説文解字』『微祥記』『礼記』など

名君の誕生を知らせる心優しい瑞獣

よいことの前触れとして現われる「瑞獣」。麒麟はこれを代表する霊獣で、名君の治める平和な世が訪れる前兆とされる。普段はめったに人前に姿を見せず、その姿は、胴体は鹿、蹄は馬、尾は牛、頭に1本の角を生やし、腹毛は黄色、五色の光を発するという。性格は非常に温厚で、虫や草さえ避けて歩く。実在の動物キリンとはまったく異なる想像上の生き物だ。

四霊

麒麟、鳳凰[→P188]、霊亀、応竜の4聖獣を四霊とすることがある。鳳凰は、五色の羽をもつ霊鳥。霊亀は甲羅の上に蓬莱山を背負う姿で描かれる巨大な亀。応竜は五帝のひとり黄帝[→P48]直属の翼をもつ龍である。鳳凰と麒麟は一対のように語られることもあり、優れた2者を称する時に「東の麒麟、西の鳳凰」などと表現する。

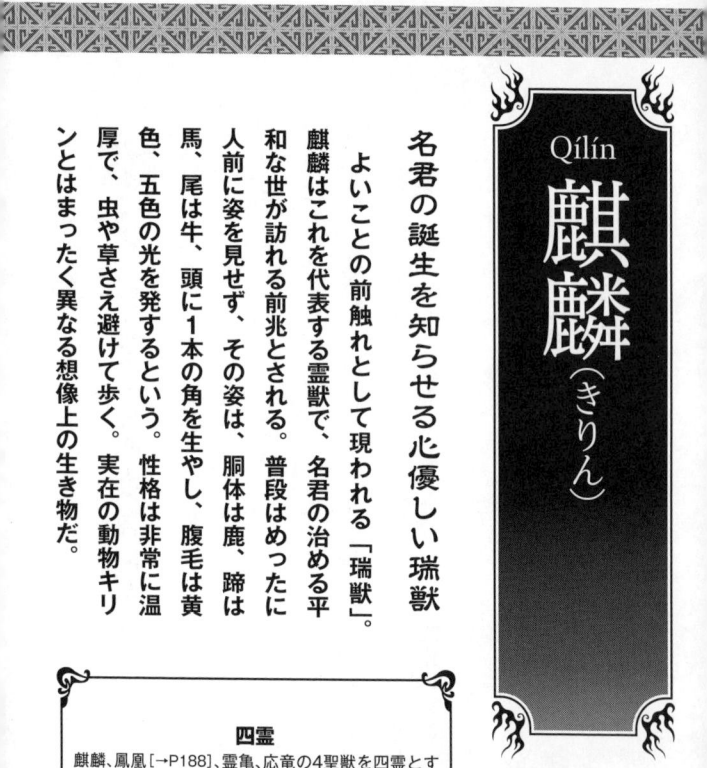

孔子に絶筆を決意させた「麒麟の捕獲」事件

儒教の経書『礼記《らいき》』に四霊としてあげられる獣。黄帝が現れたとき、「鳳凰は宮殿に飛来し、麒麟は庭園で遊んだ」と称されたように、よきリーダーが現れると姿を見せるという。よいことが起きるときには兆しがある。これを「瑞祥」といい、古代中国ではいろいろな瑞祥があったが、一番はやはり瑞獣の出現。歴代の日本の天皇が即位儀式などで着用する「黄櫨染御袍《こうろぜんのごほう》」という礼装にも、鳳凰と麒麟が描かれていた。

神童のことを麒麟児というのは、麒麟は男子を授けると信じられていて、おまけに子どもを大事に送り届けてくれる「麒麟送子」の故事からきている。儒家の孔子［→P140］は、母親が麒麟と交わってできたという伝説もある。

また麒麟は仁徳を体現するともされる。仁徳とは、民の辛苦を理解し、情け深いこと。仁徳の愛をもつ麒麟は、動物の肉は口にせず、角も肉で覆われているため、ほかの生命を傷つけることはなく、草すら踏まない。

そんな麒麟がまったく現われなさそうな、諸国乱立した春秋時代を生きた孔子は、歴史書『春秋』を執筆中のある日、麒麟が捕獲されたと聞き、『春秋』の執筆をやめた。この故事は、絶筆という意味の言葉「獲麟《かくりん》」をうんだ。孔子は「麒麟の捕獲」に、努力をしても世の乱れは一向になくならないことの無常、無念さを込めたのではないかとの解釈もある。

企業もあやかりたい!? 麒麟の吉兆パワー

麒麟といえば、日本ではビール会社の名前が有名だ。なぜ麒麟の名を冠したのか定かではないが、シンボルマークとするほど縁起の良い動物として麒麟が知られていた証ともいえる。中国では、半導体メーカーがスマホに搭載するチップセットのブランドを「kirin」と命名している。小野不由美の小説『十二国記』では、麒麟が王を選ぶ、架空の国が舞台。王が道を違えると、麒麟も弱って死んでしまう、儚い設定である。

最後に麒麟と動物のキリンの関係だが、完全に無関係ともいえないらしい。古代中国人が、西方の獣ジラフの存在を伝え聞き、麒麟を創造したかもしれないというのだ。だとすれば、体の黄色だけは正しく伝わっているといえる。

鳳凰（ほうおう）

Fènghuáng

別名 鳳皇、鳳鳥（ほうちょう）、孟鳥（もうちょう）、滅蒙鳥（めつもうちょう）など

分類 伝説、民間伝承など
神格 霊獣
登場作品 『書経』『礼記』『山海経』など

装飾模様として引っ張りだこの霊鳥

麒麟［→P184］と同じく、世界が平和な時に現われる瑞獣。崑崙山に住むといわれ、雄を鳳、雌を凰とする説もある。五色の羽、クジャクのような模様をもつとされ、その美しさのためか、麒麟以上に吉祥模様として引っ張りだこ。日本では平等院鳳凰堂や、金閣寺の屋根飾りが有名。四神［→P180］の朱雀との混同がよく起こり、火の精となることも。

崑崙山

中国の西方にあるといわれる架空の山。最高位の女仙、西王母［→P56］などの神々が住み、黄河の源流であるとされる。伝説によれば鳳凰は崑崙山に住み、飲むのは崑崙山にしか湧き出ないという醴泉《れいせん》の甘い水であるという。

クジャクにも似た色鮮やかで華やかな姿

紀元前17世紀から紀元前11世紀頃の殷の甲骨文字に鳳の字が確認できるほど、鳳凰に関する伝承は古い。その頃にはすでに風の神として祀られていたらしく、祖霊信仰の側面ももっていた。三皇五帝の舜の伝説では、鳳凰は音楽を伴って祖霊とともに地上に現われたと伝わる。鳳凰の声を簫《しょう》の音色で真似し、「鳳鳴《ほうめい》の調べ」で鳳凰を引き寄せたという伝説も説話集『列仙伝』に残る。

鳳凰の生態については地理書『山海経』などさまざまな書物に記された。それらによれば、鳳凰のえさはタケノコならぬ、竹の実。これは貴重な食品らしいが、味はまずいそうだ。水は太平の世に湧き出る醴泉という甘い味の水しか飲まず、梧桐《ごとう》の木を止まり木としている。姿の特徴は、書物の時代によって異なるが、おおむね五色の羽（もしくは模様）をもち、麟、鹿、燕などの特徴が混在。だいたいニワトリに似ているとの記述もあるが、甲骨文字の鳳はクジャクがモデルではないかともいわれており、華やかなクジャクのような尾羽をもつ造形も多くみられる。鳳凰の首、翼、背、胸、腹にはそれぞれ、徳、義、礼、仁、信の模様がある。大きさは、約3メートル以上とする書物もある。

「桐に鳳凰」の図案は高貴な紋章として人気に

鳳凰の英語訳はフェニックス。しかし、鳳凰とフェニックスは異なる生き物だ。フェニックスは、数百年生きたあとに炎の中で死に、焼け跡から蘇るとされる伝説の不死鳥で、ローマ帝国では繁栄や復活の象徴とされた。鳳凰は漢の時代に火の精とされたので、神聖さや火との関連から、イメージが重なったのも無理はない。手塚治虫の漫画『火の鳥』に登場する火の鳥はフェニックスのような生態だが、その一編に「鳳凰編」と題されたものもある。

日本でも装飾模様となった鳳凰は、清少納言の随筆『枕草子』によると平安時代に桐の家具へ彫るのがブームに。鳳凰と梧桐の伝説にもとづいて、桐と鳳凰の組み合わせは高貴なものとされた。「桐に鳳凰」は桐花と鳳凰をあしらった紋章で、「獅子に牡丹」の紋章と同様に人気の図案だった。そのほか、平等院鳳凰堂や法隆寺も鳳凰の装飾に彩られている。現代では、紙幣をつくっている国立印刷局のシンボルマークが鳳凰、歌舞伎座の紋章が「鳳凰丸」だ。

白沢（はくたく）

Báizé

分類 伝説、民間伝承など
神格 霊獣
登場作品 『抱朴子』『軒轅本紀』など

妖怪のことをなんでも知る賢い瑞獣

白沢は人の言葉を理解し、話せる珍しい瑞獣。麒麟［→P184］や鳳凰［→P188］と同様に瑞祥として現れる。姿は獅子に似て白い毛に覆われ、目は額に3つ腹に6つ、角は頭上に2本背に4本ある。人面で描かれることもあり、見た目は不気味だが、万物の知識を蓄えた非常に賢い生き物。五帝のひとり黄帝［→P48］に鬼神妖怪の知識を授けたともいう。

『白沢図』

黄帝が崑崙山の東の恒山へ出かけた際、偶然にも白沢に出くわしたという伝説がある。黄帝はその際、白沢からあらゆる鬼や妖怪、獣のことを教わり、それを図に描かせた。その数、なんと1万1520種。これをまとめたのが『白沢図』という奇書。現在は失われているが、実在した可能性が高いという。引用として、ほかの書物にたくさんの文章が残されている。

白沢がもたらした妖怪対策の奇書

災害や病気の対処法がまだよくわからなかった時代、それらは人間に害をなす鬼や妖怪のしわざだとも考えられた。その害を避ける方法のひとつが、彼らの名前を手に入れることだと信じられていた。

中国で漢方医学の祖ともされる黄帝は、出先でたまたま白沢に出くわした。たまたまとはいっても、白沢はたいへん珍しくめでたい瑞獣。黄帝のような名君の前だから姿を現すのである。黄帝は博学だという白沢に、鬼神妖怪の類いについて尋ねた。すると、白沢は話しも話したり、その数なんと1万1520種。「水の精は罔象《もうしょう》と言って、子どもの姿をしていて…」と、名前や特徴、どんなことをするかといった情報まで与えたのだ。それらをまとめたものが奇書『白沢図』という書物になったという。

中国神話では、「いろいろなことを知ってます」系の伝説がいくつかある。黄帝と『白沢図』の伝説も、夏朝帝である禹の治水伝説や、地理書『山海経』成立の伝説と類似しているようだ。

現代の白沢のイメージは薬局のお兄さん？

唐の時代頃から、『白沢図』は仙術修行者が山に入る時の必携書になった。前述したように、妖怪の類いは名前を呼ぶと対抗できると思われていたのだ。現代でも、名前を重視する創作物は少なくない。緑川ゆきの漫画『夏目友人帳』の〝名前を奪って妖怪を使役する〟というアイデアも、名前の神秘が現代に生きていることとの、膨大な例のひとつだ。一方、『白沢図』そのものは現代に残存しているものはないが、日本では研究者の佐々木聡氏が、ほかの書物に残る『白沢図』の引用を集めて『復元白沢図 古代中国の妖怪と辟邪文化』（白澤社）という本にまとめた。

白沢自身を描いた『白沢辟邪絵《へきじゃえ》』も流行した。辟邪絵とは、悪霊よけの神を描いた絵のこと。江戸時代には病魔を払う縁起物として、白沢を香炉など身近な道具の装飾にした。こうして、白沢の医療神の側面は強まる。畠中恵の小説『しゃばけ』では、白沢が人間に化けて江戸の薬種問屋に働いている。また、江口夏実の漫画『鬼灯の冷徹』では、白沢は桃源郷で漢方薬局を経営している。

Lóng
龍（りゅう）

分類 伝説、仙話、民間伝承など
神格 霊獣、水の神
登場作品 『山海経』『大戴礼記』『春秋左氏伝』など

水をもたらし水難から守る水の主

中国において、おもに雨や海を司る神とされている、空想上の生き物。その代表は四神［→P180］の青龍、東西南北を統治する4神の龍神である四海龍王、四海龍王に中央の黄龍を足した五龍などである。水に関することはすべて龍王が管理すると考えられており、さらに階級の低い小龍王や、土地神としての龍王もいるとされている。

ドラゴン

「竜」と和訳される、西洋における伝説上の生物。龍と共通点も多いが、トカゲの体に翼を有する、悪神のイメージが強いなど異なった特徴もみられる。

応龍《おうりゅう》

一説によると、翼がある龍のことで、大雨を降らすことができるという。五帝のひとり黄帝［→P48］の臣下とされ、蚩尤［→P204］と戦った際には蚩尤を殺したともいわれている。黄龍とも。

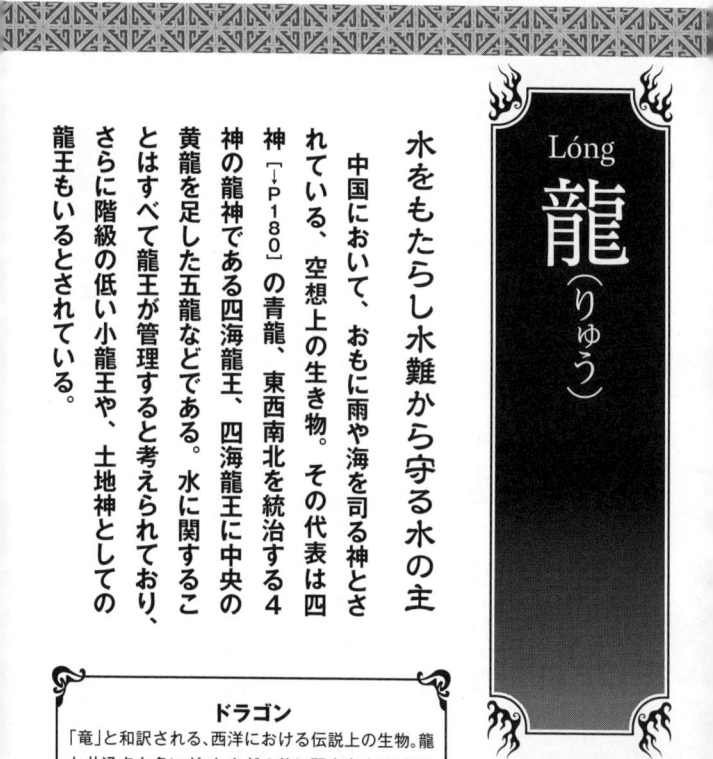

霊獣の代表格となった龍信仰の広まり

中国の神獣の代表格ともいえる龍。その存在は古くから伝えられてきたが、盛んに信仰されるようになったきっかけは、インド神話の蛇神ナーガが中国に伝わった際に「龍」と翻訳され、元来の龍信仰と結びついたものだとも考えられている。一説によれば、鱗のあるものが蛟龍《こうりゅう》、翼があるものが応龍、角のあるものが虬龍《きょうりゅう》、角のないものが螭龍《ちりゅう》と呼ばれる。

水を司る龍たちは、基本的には水場にいるとされているが、風水においては山にいる存在として考える。山の頂上にいる龍から、山を伝って気が流れる経路を「龍脈」と呼び、龍脈から気が出る「龍穴」というポイントの上に家をつくって住めば一族が繁栄するという。

大海から井戸まで、あらゆる水を守護する龍王たち

龍王とは、海や川、雨など水に関連するあらゆることを司るとされている水神。龍への信仰が広まると、各地の川、池、沼、はては井戸にも、それぞれの

地を管理する龍王がいるとされた。それらの龍王の上に立つのが東西南北の四海に住むという四海龍王であり、東海龍王の敖廣《ごうこう》、南海龍王の敖欽《ごうきん》（敖紹《ごうしょう》とも）、西海龍王の敖閏《ごうじゅん》、北海龍王の敖順《ごうじゅん》（敖炎《ごうえん》とも）の四兄弟だ。中央を守る存在の黄龍を加え、「五龍」と呼ぶ場合もある。

小説『西遊記』では武器を探していた孫悟空〔↓P78〕が海中にある東海龍王の宮殿を訪ね、海底の重しにしていた神珍鉄を強引に奪って如意棒にした。同じく小説『封神演義』では哪吒〔↓P114〕に息子を殺された東海龍王が、一度はやり込められたものの兄弟と結託し、哪吒を自害させる。このように小説ではあまり華やかな活躍とはいえない龍王だが、水を司る重要な神であることは広く浸透しており、現在も厚く信仰されている。

四海龍王が登場する作品としては、田中芳樹の小説『創竜伝』が有名。主人公である竜堂家の四兄弟の正体が、この四海龍王であるという設定だ。また、ゲーム『女神転生』シリーズには〝龍神〟という種族があり、青龍（作中ではセイリュウ）がこれに属している。『D×2 真・女神転生 リベレーション』においては、龍脈が作中での重要なキーワードとなっている。

Sì xiōng
四凶（しきょう）

災いをもたらす恐ろしい姿の4神

四凶とは渾沌《こんとん》、饕餮《とうてつ》、窮奇《きゅうき》、檮杌《とうごつ》という4神の総称である。人に災いをもたらす悪神、怪物であるとされている。

渾沌には目、耳、鼻、口の7つの穴がないという。地理書『山海経』にも、のっぺらぼうと記されており、同じ特徴をもつ帝江が渾沌の本来の姿だと考えることができる。また、古書『神異経』には腹があるが五臓がなく、足が4本あり、毛が長い犬のような姿であると記されている。

饕餮は、三皇のひとり炎帝（神農）［→P44］の末裔である縉雲《しんうん》氏の子孫とされ、歴史書『春秋左氏伝』には「縉雲氏には菲才な子孫がおり、飲食や財を貪り、欲望が強くて贅沢で、民から税を多く取り立てて自分の富を貯え、貧しい者に分け与えることもしなかった。人々はこの子孫を、渾沌、窮奇、檮杌の三凶と並べて饕餮と呼んだ」とある。饕餮よりも先に、ほかの三凶が成立していたものと考えられる。饕餮の姿は、頭に豚を乗せ、体には毛が多いとされる。

窮奇は、人喰いであるとされる。容姿については複数の説が伝わっており、『山海経』には「牛のようで、ハリネズミのようなするどい毛があり、犬のような鳴き声である」と、「虎のような姿で翼がある」というまるで異なる描写がある。ただ人を喰うだけではなく、喧嘩をしている人がいると正直な方を喰い、誠実な人の鼻を喰い、悪事をはたらく者がいると出かけていって贈り物をするという説も伝わる。

檮杌は、五帝のひとり黄帝［→P48］のひ孫である顓頊《せんぎょく》の子であるとするものと、獣であるとするふたつの説がある。『春秋左氏伝』には、顓頊の子に、諭してもどうにもならず道徳をわきまえない者がおり、檮杌と呼ばれたとする記載がある。また、『神異経』に人の顔、犬の毛、虎の足、豚の歯、1丈8尺（約4・4m）の尾をもった檮杌という西方の獣がいると書かれている。

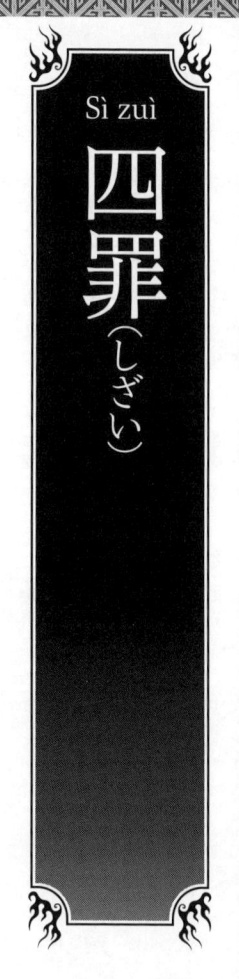

四罪（しざい）

Sì zuì

悪行や反乱を断罪された4神

四罪とは、災いをもたらす4神の悪神の総称である。その性質が似ていることから四凶［↓P200］と混同されることもあるが、四罪は共工、驩兜《かんとう》、鯀、三《さん》苗《びょう》であり、四凶とは明らかに別の神が属している。

共工は、三皇のひとり炎帝（神農）［↓P44］の子孫であり、祝融［↓P52］がうんだとされる。赤い髪の人間の顔に蛇の体をもち、とても貪欲であるという。陸よりも水にいることの方が多い水神とされ、思想書『淮南子』には洪水を引き起こすという記載がみられる。五帝のひとり黄帝［↓P48］と炎帝が戦った際は、黄帝に対して戦を仕掛けた。また、黄帝のひ孫である顓頊《せんぎょく》と帝位を争ったこともあるとも伝わっていることから、炎帝の味方であることがわかる。

驩兜は、五帝のひとり堯の息子である丹朱《たんしゅ》だとされる。その容姿は、人の顔だが口もとは鳥のくちばしで、魚を捕って食べるという。翼ももっているが、飛ぶのには使えず杖のように翼をついて歩く。とても人柄が悪く、多くの災いをもたらし、それをやめるのは死んだ時だけであるといわれている。

鯀は、夏朝帝である禹《う》の父親とされる。地理書『山海経』には、洪水を防ぐために天帝の許可なく息壌《そくじょう》（自然に育って増える魔法の土、もしくは土の怪物）を使ったとある。天帝はこれを許さず、祝融に鯀を殺させた。すると、鯀の腹から禹がうまれたという。また、殺された時に黄熊になったとも伝わる。

三苗は、堯に反乱を起こした悪神だが、特定の神ではなく種族のことを指すと考えられている。三苗の君主は、堯が舜に天下を譲ったことに不満を抱いた驩兜と結託して、堯に対して反乱を起こした。このことから、四罪に名を連ねることになったともいう。堯は、反乱を起こした三苗の君主を殺したが、三苗の臣民たちも堯と舜に反発し、南海に三苗国という国をつくった。三苗民は、前後にくっついて歩くという変わった特徴をもっていたという。

蚩尤（しゆう）

Chīyóu

伝説の激戦と名高い涿鹿の戦いの仕掛け役

蚩尤は三皇のひとり炎帝（神農）[→P44] の子孫で、五帝のひとり黄帝 [→P48] に戦いを仕掛けた荒々しい神である。黄帝の統治に反発した巨人族を束ねる頭目であったともいわれている。類書（参考図書）『初学記』は蚩尤の容姿について、頭が大きく腕と足が8本ずつあったとしている。小説集『述異記』には、頭に角があり、するどい毛をもち、ひづめは牛のもので、目が4つ、腕が6本あったと記されている。また、石や鉄を喰ったとも書かれている。兄弟が72もしくは81おり、姿は怪物のようであるが、言葉は話せるとされる。

蚩尤が黄帝に戦いを仕掛けたのは、炎帝が敗北したあとの復讐であったと伝わる。すでに老いて元気を失った炎帝は、蚩尤に誘われても戦いに参加しなかった。それならば自分だけで戦おうと決起した蚩尤は、兄弟、怪物や鬼神たち、三苗民らに声をかけて大規模な軍隊を結成した。頭がよく、知識もあった蚩尤は、巨大な斧や機能に優れた弓矢などの武器を開発して自軍の兵たちに与え、戦力の強化に努めた。そして準備万端、軍を進めたのである。

黄帝もさすがにこれを捨て置くことはできず、軍を率いて応戦した。蚩尤は嵐を巻き起こし、霧を立ち込めさせて黄帝の軍を攻める。苦戦した黄帝の軍が撤退し、泰山まで逃げてひと休みしていると、最高位の女仙、西王母[↓P56]の使者が現れた。西王母の支援により、黄帝の軍は体勢を立て直すことができた。しかし、相変わらず蚩尤は嵐や霧を巻き起こすため、黄帝の軍は方角がわからなくなり、進軍がままならない。そこで黄帝は車の上に乗せた人形が常に南の方角を指す道具、指南車を使った（作者は諸説あり）。

霧を攻略した黄帝は軍を進め、ついに涿鹿《たくろく》で両軍は激突。蚩尤は敗北した。捕らわれた蚩尤は処刑されたが、蚩尤につけていた枷を投げ捨てるとそこから楓が生い茂ったという。

九尾狐（きゅうびこ）

Jiŭweihú

別名 九尾狐狸（きゅうびこり）

分類 伝説、仙話、民間伝承、創作など

神格 狐の妖怪

登場作品 『山海経』『呉越春秋』『千字文』など

王をたぶらかす美女の正体

千年の時を生き、9本の尾をもつという妖狐。強大な力をもち、縁起のよい瑞獣として扱われることもあれば、人間を喰らう妖怪とされることもある。人を惑わせる狡猾なイメージは、小説『封神演義』に登場する紂王［→P112］の后、妲己《だっき》の影響が強いだろう。紂王を堕落させ、贅沢や残酷な見世物を楽しんだ妲己の正体は千年狐であるとされている。

玉藻前

妲己は、日本の玉藻前と関わりがあるとされる。妲己は、周の幽王の后である褒姒にうまれ変わった。幽王は褒姒に入れ込むあまり国を傾けた。褒姒はその後、日本で玉藻前としてうまれ変わる。玉藻前は鳥羽上皇の寵愛を受けるが、陰陽師に九尾狐であると暴かれた。九尾狐は那須野（栃木県那須町）に逃げ、石化した。現在も那須高原には、九尾狐が眠るといわれる「殺生石」が実在する。

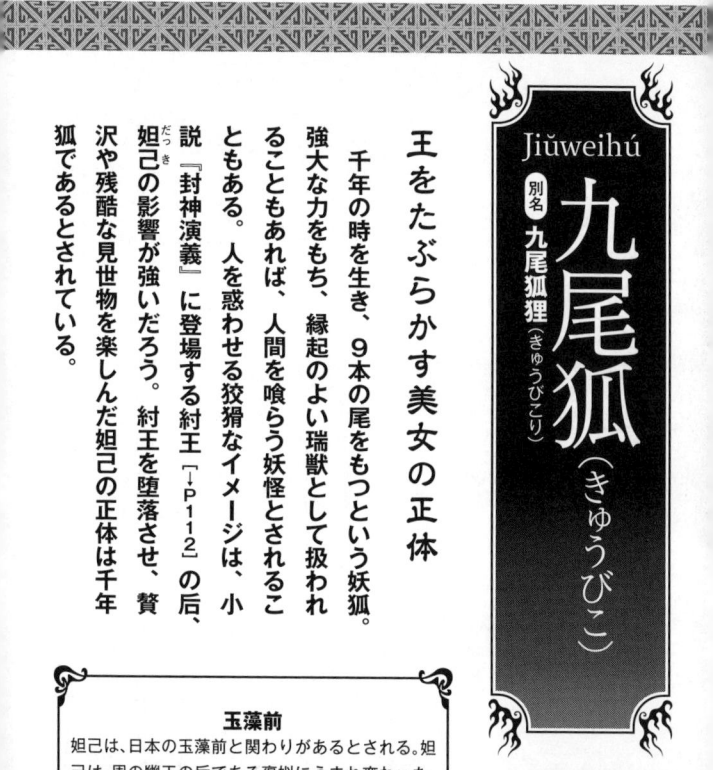

アジア各地に伝わる九尾狐の伝承

長く生きて尾の本数が増えた狐は、不思議な力をもつ。長く生きるほどに力が高まり、それと同時に尾の数も増える。千年生きれば力は最大に高まり、尾が9本になるという――。このような妖狐の伝承は、アジア各地で語り継がれており、中国にも古来より九尾狐の伝承があった。治水で功績をあげた夏朝帝の禹は、仕事に没頭するあまり妻がなかった。ある日、禹のもとに九尾狐が現れて尾を振った。この当時、九尾狐と会うのはよいことが起こる前兆とされていた。禹はその後、妻を娶り、五帝のひとり舜から王位を譲られたという。別の伝承では、狐のような姿で頭と尾を9つずつもつ生き物がおり、人を喰らったというものもある。このように中国の九尾狐は、吉凶いずれの側面もある。

朝鮮半島では男性を惑わす害獣であるという話があり、日本でも玉藻前の伝承のように、変化の能力をもち、人をだます生き物として描かれることが多い。

悪女だが現代作品で人気の高い妲己

李邏《りら》による漢文の長詩『千字文《せんじもん》』の注には、紂王の妃である妲己は九尾狐だと記されている。小説『封神演義』でも、妲己には千年狐が憑いているとされ、残酷な悪女として描かれる。歴史上の女性の伝承集『列女伝』には「紂王は妲己をわずかな時間も離さず、彼女が嫌がることを徹底的に遠ざけ、彼女の好むものを集めた。酒で満たした池をつくり、肉を懸けて林にし、裸の男女に互いを追わせる宴会を何日も続けた」という。国を乱す紂王に対し、兵を挙げた武王〔→P138〕は妲己の首を落とし、紂王は女によってほろぼされたと宣言した。

現代でも九尾狐、妲己が活躍する作品は多い。藤崎竜の漫画『封神演義』では妲己、最強の敵として描かれている。江口夏実の漫画『鬼灯の冷徹』では、妲己は玉藻の前と同一の存在であり、地獄の花街で妓楼を経営する。正体が見破られて石になったという伝承が設定として採用されている。九尾狐としては、岸本斉史の漫画『NARUTO』で、主人公の体に封印された九尾の妖狐が著名。藤田和日郎の漫画『うしおととら』では、九尾狐をモチーフとした「白面の者」という邪悪な妖怪がラスボスとして登場する。

Sān Shī

三尸（さんし）

別名 三虫（さんちゅう）、尸虫（しちゅう）、尸鬼（しき）など

病気や欲望を引き起こす害虫

三尸は道教で言い伝えられている生き物で、腹の虫が鳴る、虫のいどころが悪いというように、人はうまれた時からこの虫を体の中に棲まわせているのだという。この虫は、人間が死ぬと宿主を離れ解放されるため、三尸は、人の寿命を削ってしまおうと画策している、人間にとっては、よくないものであるとされる。

三尸には上尸、中尸、下尸の3種があり、宿る場所が異なる。大きさは2寸ほど（約6㎝）とされており、姿は一定ではないが馬のようだとする説もある。上尸は、青もしくは黒い色をしている。道教の経典『太上除三尸九虫保生経』

では、道士の姿をとる。人の頭に棲みつき、頭の病気を起こしたり欲深くしたりする。中尸は、青もしくは黄色か白い色をしていて、同書では獣の姿をとる。腹部に住み、内臓の病気を引き起こしたり、大食漢にしたりする。下尸は、白もしくは黒い色をしている。同書では牛頭の人間の姿をとる。足に住み、腰周辺の病気を起こしたり、色を好むようにさせたりする。このように三尸は病を起こすだけでなく欲を煽ることから、仙人になるためには体外に出すべきと考えられている。

十二支と十干を組み合わせると60とおりになる。これを日に当てはめ、60日でひとめぐりするものとする。その57番目の日を「庚申」という。この庚申の日は、眠っている間に三尸が体から抜け出し、宿主の罪を天帝に告げ口して寿命を縮めるといわれている。そこで、庚申の夜は眠らずに起きているという習慣ができた。日本にも、平安時代に貴族へ広まり、江戸時代になると民間でも、庚申の夜を眠らずに過ごす人が増えた。その際、ひとりで夜明かしをするのは辛いため、皆で集まって過ごす「庚申待」という行事が成立していった。このように、庚申の日を避ける考えは「庚申信仰」と呼ばれる。

太歳星君（たいさいせいくん）

Tàisuìxīngjūn

別名 太歳、太歳神（たいさんしん）など

分類 仙話など
神格 歳神
登場作品 『欽定協紀弁方書』『稗海』など

避けなければならない災厄の天体

太歳とは木星と対になる仮想の天体であり、太歳星君はその太歳を神格化した存在である。太歳星君は歳神《としがみ》であるが祟り神でもあり、人々は太歳の方角を避けるようにする。太歳の方角は毎年異なり、その年の十二支の方角と同じであるとされている。術書『欽定協紀弁方書』には「太歳は君主の象徴。神を率い、方位を正して季節の変化を司り、歳の動きを管理する」「天子が民を探りに出たり、敵地に攻め入ったり、宮殿の門をつくったり、未開地の開拓を行ったりする時、太歳にしてはならない。また、民が家を建てる時も、太歳は避けるべきである」とある。つまり、大きなことを起こす時や家を建てる時には、太歳の方角を避けなければならないとしている。

『稗海』には、太歳の方角に家を建てた大胆な金持ちの話が書かれている。金持ちはお告げや妖の類を信じず、耳を貸そうとしなかった。金持ちは新たに家を建てようとしたが、何にもこだわることなく場所を決めた。建築のために地面を掘ると、そこから異質な肉の塊が出てきた。それは太歳神と呼ばれているものだったのだが、金持ちは霊的なものとは思わず、水で満たした鉢に肉の塊を入れて、家の土台としてしまった。その家は太歳亭と呼ばれるようになった。ある日、金持ちのもとに客が訪れた。身支度を調えようとしたが家の者が誰も反応しない。すると、飼い犬が金持ちの服と冠を持ってきた。金持ちは「お前を何年も飼っていたが、はじめて人の気持ちをわかってくれた」と犬を褒めて身支度を調え、来客の対応をした。客が帰ったので戻ってくると、犬は庭で死んでしまっていたという。この話にみられるように、古代の小説では怖いもの知らずな人物を描く際、わざわざ太歳に工事をする描写がみられる。

また、太歳は肉の塊の形をとり、地中に埋まっているともされ、木星の動きに反応して地中を動くので、その年の太歳の場所を掘ると出てくるという。

Gūhuòniǎo

姑獲鳥（こかくちょう）

別名 鬼車（きしゃ）、夜行游女（やこうゆうじょ）など

分類 怪異、民間伝承など

神格 赤子をさらう鬼神

登場作品 『玄中記』など

産女と混同された赤子さらいの妖怪

姑獲鳥は、鳥もしくは女性の姿をした鬼神。博物誌『玄中記《げんちゅうき》』には「夜に飛びまわり、昼は隠れている。羽毛を着ると鳥の姿になり、羽毛を脱げば女性の姿になる」と書かれている。姑獲鳥には子どもがいないため、よその子をさらってきて自分の子にしてしまうという。子どもの服を夜に屋外へ干していると姑獲鳥がやって来て、衣服に血をつけて目印とし、のちにその子どもをさらうという。特に、荊州《けいしゅう》（現在の湖北省）に多くいるとされていた。

『玄中記』には伝承もみられる。ある男が、畑に数名の女がいるのを見つけた。女たちは裸であった。男はこっそり近づくと、脱いであった着物を1枚隠して

しまった。それから女たちに近寄ると、女たちは着物を身につけて鳥になり飛び去った。しかし、着物を隠されたひとりだけは取り残されてしまう。男は、この女を捕らえて自分の妻にした。女は三姉妹をうんだ。ある日、女は娘を使って男を問い詰め、着物の隠し場所を白状させた。女は着物を発見すると、それを着て飛び去った。のちに、女は娘たちの分の着物を持って戻ってきた。娘たちも着物を着ると、女と一緒に飛び去っていったという。この鳥は、姑獲鳥の別名である鬼車であるとされる。ほかにも、妊娠した女が死んで姑獲鳥になり、さらってきた子どもを育てるという説もある。

日本では、産女という妖怪が姑獲鳥と同一視されており、「姑獲鳥」と書いて「うぶめ」とする読み方が定着している。産女の伝承は地域によってかなり違いがあるが、赤子を抱いて現れ、人を見つけるとその赤子を渡そうとしてくるといわれている。産女は赤子を渡そうとし、姑獲鳥はさらおうとする。基本的な性質が異なるが妊婦に関わる部分などが似通っていることから混同され、やがて同一視されるようになったと考えられる。水木しげるの漫画『ゲゲゲの鬼太郎』や、京極夏彦の小説『姑獲鳥の夏』でも印象的に登場する。

千年を生きる妖怪といわれる九尾狐
（明時代、胡文煥『山海経図』より）

主要参考文献

『中国神話・伝説大事典』　袁珂著／鈴木博訳／大修館書店

『中国の神話伝説（上下）』　袁珂著／鈴木博訳／青土社

『中国歴史・文学人物図典（遊子館歴史図像シリーズ1）』　瀧本弘之編著／遊子館

『中国神話・伝説人物図典（遊子館歴史図像シリーズ2）』　瀧本弘之編著／遊子館

『[図説]中国の神々 道教神と仙人の大図鑑』　学研

『中国の神話』　白川静著／中央公論新社

『中国妖怪人物事典』　実吉達郎／講談社

『神の文化史事典』　松村一男、平藤喜久子、山田仁史編／白水社

『中国の五代小説（上下）』　井波律子著／岩波新書

『京劇観賞完全マニュアル』　趙暁群、向田和弘著／好文出版

『道教の神々と祭り』　野口鉄郎、田中文雄編／大修館書店

『庚申信仰』　窪徳忠著／山川出版社

『幻想世界の住人たち3　中国編』　篠田耕一／新紀元社

『道教の神々』　窪徳忠／講談社学術文庫

『中国の鬼神 天地神人鬼』　實吉達郎著／新紀元社

『中国の神さま 神仙人気者列伝』　二階堂善弘著／平凡社新書

『中国の神話・伝説』　伊藤清司著／東方書店

『神話から歴史へ（神話時代 夏王朝）』　宮本一夫著／講談社

『中国の歴史（上）』　貝塚茂樹著／岩波新書

『山海経 中国古代の神話世界』　高馬三良訳／平凡社

『抱朴子/列仙伝/神仙伝/山海経（中国の古典シリーズ4）』
葛洪、劉向著／本田濟訳／平凡社

『水滸伝』　施耐庵著／駒田信二訳／ちくま文庫

『史記１』　ちくま学芸文庫

◎本書は２０１９年８月に小社より単行本として刊行されたものに加筆・修正し文庫化したものです。

文庫ぎんが堂

ゼロからわかる
中国神話・伝説

2020年4月20日　第1刷発行

著者　かみゆ歴史編集部

ブックデザイン　タカハシデザイン室

本文イラスト　gozz、輝竜 司、白藤与一、添田一平、竹村ケイ、中山将平、仲佳、ハヤケン・サレナ、藤科遥市、真墨詠可、まっつん!、みぽ

本文執筆　稲泉知、岩崎紘子、高宮サキ、野中直美、藤井勝彦

本文DTP　松井和彌

編集・発行人　北畠夏影

発行所　株式会社イースト・プレス
〒101-0051 東京都千代田区神田神保町2-4-7 久月神田ビル
TEL 03-5213-4700　FAX 03-5213-4701
https://www.eastpress.co.jp/

印刷所　中央精版印刷株式会社

ISBN978-4-7816-7192-5